Les Capétiens (987-1328)

Hugues Capet
(987-996)

Robert II le Pieux
(996-1031)

Hugues | **…i Ier** …060) | **Robert Ier** duc de Bourgogne

Philippe I… (1060-1108…) | **Hugues** comte de Vermandois

Louis VI le …
(1108-113…)
6 enfants d…

Philippe | **…is VII** (…-1180)

P… e II Auguste
(…0-1223)

L… III le Lion
(… 1226)
12 … s dont :

Philippe | **Louis IX, dit S…** (1226-12…) 11 enfants … | **Robert Ier** comte d'Artois | **Alphonse** comte de Poitiers | **C… es** co… Anjou et … Sicile

Louis | **Philippe III …** (1270-12…) | **Jean Tristan** comte de Valois | **Pierre** comte d'Alençon | **R…** comte d… …mont

Dynastie des Bourbons

Louis | **Philippe IV le Bel** (1285-1314) | **Charles** comte de Valois | **Louis** comte d'Evreux

Dynastie des Valois

Louis X le Hutin (1314-1316) | **Philippe V le Long** (1316-1322) | **Charles IV le Bel** (1322-1328) | **Isabelle** épouse d'Édouard III, roi d'Angleterre

Jean Ier le Posthume
(1316)

Dernier des Capétiens

Louis IX (Sain…

…es noms sont en blanc lorsque les rois ont régné sur le royaume de France.
…es dates indiquées sont celles de leur règne.

VOIR L'HISTOIRE

Rois et Reines de France

DIMITRI CASALI ET VINCENT ROLIN

FLEURUS

fleuruseditions.com

Texte : Dimitri Casali et Vincent Rolin
Direction éditoriale : Christophe Savouré
Direction du développement : Nicolas Ragonneau
Édition : Françoise Ancey
Direction de création : Laurent Quellet
Direction artistique : Catherine Enault
Fabrication : Florence Bellot et Thierry Dubus

Film : *À la cour de Louis XIV*
© 2004 France 3/Sorciers Productions SCEREN-CNDP
© 2005 Éditions Vidéo France Televisions Distribtion
Réalisation : Franck Chaudemanche
Prémastering : DVD Maker

Adaptation graphique et réalisation : François Egret pour Amulette
Iconographie : Françoise Ancey et Dimitri Casali
Contribution rédactionnelle et index : Isabelle Macé
Conception graphique de la collection : Studio Bosson

15-27, rue Moussorgski 75018 Paris
Dépôt légal : avril 2008
ISBN : 978 2 215 05475 7
N° d'édition : M 13071
9e édition - mai 2013
Code MDS : 591153

Photogravure : IGS Charente Photogravure
Achevé d'imprimer sur les presses de l'imprimerie TWP en Malaisie.
Loi n° 49-956 du 16 juillet 1949 sur les publications destinées à la jeunesse.

Petit mode d'emploi...

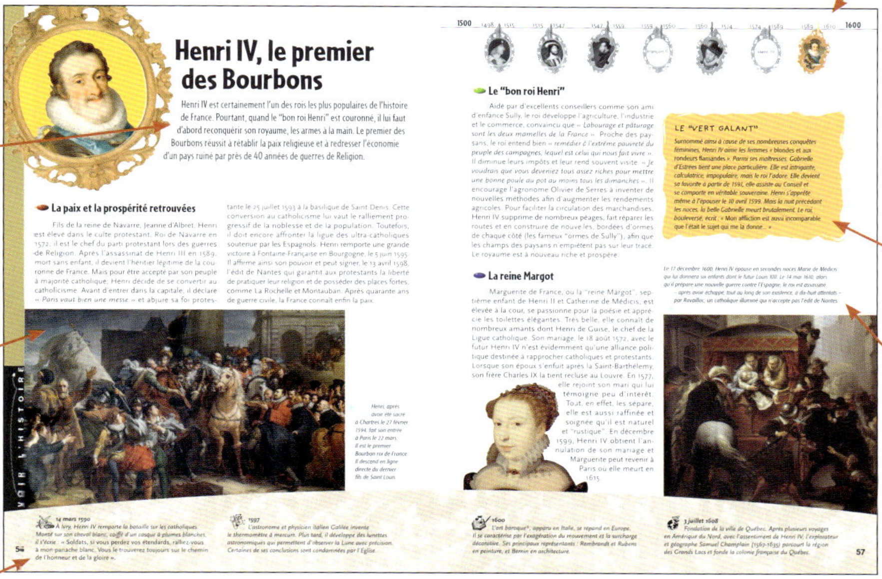

Les "**repères temps**" permettent au lecteur de situer le roi dans le siècle. Le portrait est en couleur lorsque le roi est le sujet de la double page. Attention : tous les rois ne sont pas figurés, notamment les Mérovingiens et les Carolingiens.

Un **texte introductif** ouvre la double page sur le thème abordé.

Des **encadrés** proposent un éclairage particulier sur un thème précis.

Des **documents d'époque** et des **dessins** illustrent les différents aspects de la vie des rois et reines de France.

Des **légendes** permettent de replacer les documents dans leur contexte.

Une **frise chronologique** déroulée sur l'ensemble du livre, présente les événements qui ont marqué le monde durant la période.

Les photos portant le logo DVD sont extraites du DVD *À la cour de Louis XIV*.

L'astérisque (*) signale les mots expliqués dans le **lexique** à leur première apparition sur une double page.

Les **pictogrammes** de la frise chronologique aident à identifier la nature de l'information :

- *Politique*
- *Sciences et techniques*
- *Affaires militaires*
- *Culture*
- *Économie et commerce*
- *Vie quotidienne*
- *Géographie*
- *Religion*
- *Chiffres et records*
- *Grands fléaux*
- *Architecture*

Sommaire

6 La royauté

8 Clovis, premier roi catholique

10 Les rois fainéants

12 Pépin le Bref, un "sacré" petit roi !

14 Charlemagne, le grand-père de l'Europe

16 Le palais d'Aix-la-Chapelle

18 Hugues Capet, premier des Capétiens

20 Louis VI le Gros, ou le réveil de la royauté

22 Aliénor d'Aquitaine et Louis VII le Jeune

24 Philippe II Auguste, un roi conquérant

26 L'éducation du futur Saint Louis

28 Saint Louis, plus grand roi d'Occident !

30 Le sacre du roi

32 Philippe IV le Bel

34 Scandale à la cour de France !

36 Les rois de la guerre de Cent Ans

38 Charles V, le règne de l'intelligence

40 Charles VI, le roi fou

42 Charles VII, le roi victorieux

44 Louis XI, “l’universelle aragne”

46 Anne de Bretagne, reine de Charles VIII et de Louis XII

48 François Ier, prince de la Renaissance

50 Henri II, un roi entre deux femmes

52 Charles IX et la Saint-Barthélemy

54 Le roi est mort ! Vive le roi !

56 Henri IV, le premier des Bourbons

58 Louis XIII le Juste et Anne d’Autriche

60 Louis XIV, ou l’apogée de la puissance

62 La cour à Versailles

64 Louis XV le Bien-Aimé ou le “détesté”

66 Les plaisirs du roi

68 Un roi et une reine sur l’échafaud

70 Napoléon Ier, empereur des Français

72 Les rois de la Restauration

74 Napoléon III et l’impératrice Eugénie

76 Lexique

76 Index

80 Références iconographiques

La royauté

Pendant quatorze siècles, quatre grandes dynasties de rois ont gouverné la France. Qu'ils soient Carolingiens ou Capétiens, qu'ils aient été surnommés "le Bel", "le Gros" ou "le Fou", tous ont profondément marqué notre histoire. Plus de quatre-vingts souverains ont patiemment consolidé l'unité nationale de notre pays. Au gré des conquêtes et des mariages, ils ont agrandi le royaume et dessiné l'éternel visage de la France !

« Le roi te touche, que Dieu te guérisse ! »
Le roi est élevé au-dessus de tous les autres hommes et on lui prête même des pouvoirs "thaumaturges" : il est capable de faire des miracles, notamment celui de guérir des maladies comme les inflammations d'origine tuberculeuse, les écrouelles (ici Louis IX). « *Le roi te touche, Dieu te guérit* », disait-on à la fin du Moyen Âge… À partir du XVIe siècle, pendant l'Ancien Régime*, on préférait « *Le roi te touche, que Dieu te guérisse !* »

Des pouvoirs de droit divin
Si, à l'origine, la royauté est fondée sur la victoire et la conquête, elle s'appuie aussi, dès le règne de Clovis, sur la religion et l'onction sainte. Charlemagne s'intitule le premier « *roi des Francs par la grâce de Dieu* ». Lentement, les souverains font accepter l'idée que leur pouvoir vient directement de Dieu et que c'est à lui seul qu'ils doivent leur couronne. La monarchie* et l'Église catholique sont ainsi étroitement liées. Le roi n'est roi que s'il est catholique et sacré à Reims (*voir p. 30-31*).

Le sacre
Le roi est considéré comme un personnage sacré et inviolable, sur lequel on ne peut poser la main sans commettre de sacrilège. Pourtant, au début du Moyen Âge, le roi n'est que le premier des seigneurs et certains, comme le duc de Bourgogne, sont plus puissants que lui. Peu à peu pourtant, le roi fera reconnaître son autorité sur l'ensemble de la France. La cérémonie du sacre hausse le roi à un rang supérieur à celui de tous les autres seigneurs du royaume. La couronne d'or, composée d'un cercle surmonté de quatre fleurs de lys, que le souverain reçoit lors du sacre, est la marque de l'élection, par Dieu. Elle est donc le symbole de la récompense que le souverain reçoit du ciel (*voir p. 30-31*).

décembre 406
Des barbares germains envahissent la Gaule. Vandales, Suèves, Alains et Burgondes, chassés par les Huns, franchissent le Rhin gelé et battent les Francs, alliés de l'Empire romain, qui défendaient déjà la région.

20 juin 451
Les Huns et leur chef Attila sont vaincus aux "champs Catalauniques" près de Troyes. Une coalition, menée par le général romain Aetius et composée de Francs, de Burgondes et de Wisigoths, met ainsi un terme à l'invasion de ces peuples d'Asie centrale.

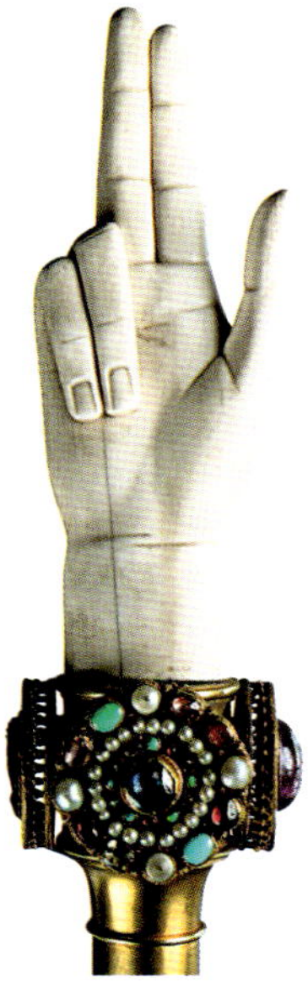

Des pouvoirs absolus
Les rois entendent être les maîtres absolus. Personne ne peut leur désobéir. Ils possèdent le droit de vie ou de mort sur leurs sujets. Le sceptre surmonté d'une main de justice est l'insigne du pouvoir de justice des rois. Le royaume est considéré comme le bien personnel du souverain, qui peut en disposer librement.

« Le roi est mort, vive le roi ! »
La royauté se transmet en France de façon héréditaire. Sous les dynasties mérovingienne et carolingienne, à la mort du roi, ses États sont partagés également entre tous ses enfants mâles (coutume germanique, *voir p. 13*). Quant aux premiers rois capétiens, ils font toujours sacrer leur fils aîné de leur vivant, ce qui évite les disputes lorsqu'ils meurent. À partir de Louis VIII, cette précaution devient inutile : le fils succède tout naturellement au père, suivant les formules que l'on avait coutume de crier à l'annonce de la mort d'un souverain : « *Le roi ne meurt pas en France* » ou bien « *Le roi est mort, vive le roi !* » (*voir p. 54-55*).

Reines de France
Bien que négligées par les livres d'histoire, les reines de France ont joué un rôle politique important, comme les régentes Blanche de Castille ou Anne d'Autriche, ou plus simplement, en coulisses en conseillant leur royal époux. Mais contrairement à d'autres pays et dès l'origine de la royauté franque, les femmes sont écartées de la couronne parce que, selon une ancienne coutume, elles sont exclues de la « succession à la terre des ancêtres… ».

« Toute puissance, toute autorité résident dans la main du roi ».
Lentement, les rois renforcent leur pouvoir en s'entourant d'une administration efficace, chargée surtout de faire rentrer les impôts, et donc d'augmenter le Trésor royal. Les souverains consultent aussi leur entourage avant de prendre des décisions importantes. À partir du XIIe siècle, le roi réunit régulièrement son "Conseil", composé de grands personnages choisis par le roi. Mais avec François Ier, tous les pouvoirs sont de plus en plus concentrés entre les mains du roi. C'est lui qui s'occupe des affaires du royaume et qui signe les "ordonnances". Comme l'écrit Louis XIV : « *Toute puissance, toute autorité résident dans la main du roi.* »

Les insignes royaux

- *Le **manteau**, semé de fleurs de lys sur fond azur, représente pour le bleu le Ciel, pour les lys la pureté et la perfection.*
- ***L'anneau** : signe religieux de la dignité royale et de la foi catholique.*
- *Le **premier sceptre** surmonté d'une main de justice.*
- *Le **deuxième sceptre**, ou **bâton de commandement**, symbolise l'ancien bâton du berger qui guide son peuple sur terre.*
- *La **couronne d'or**.*
- *Les **éperons** et l'**épée** : symboles de la fonction militaire.*

2-16 juin 455
Le peuple des Vandales, conduit par Genséric, parvient jusqu'à Rome. Il ravage et pille la capitale de l'Empire romain qui vit là ses dernières années. Les Vandales repartent ensuite s'installer définitivement en Afrique.

457
Début du règne de Childéric Ier (440-481). Le père de Clovis est le premier roi des Francs Saliens. Il réalise plusieurs beaux exploits guerriers, notamment contre les Wisigoths et les Huns.

Clovis, premier roi catholique

Au milieu du ve siècle, l'Empire romain d'Occident est envahi par les barbares germaniques. Francs, Wisigoths, Burgondes et Alamans s'installent durablement et fondent des royaumes indépendants. Ces invasions transforment en profondeur la société gallo-romaine. Un petit roi franc ne va pas tarder à sortir de l'ombre pour se bâtir un immense royaume !

Une seule ambition : conquérir la Gaule

Les Francs, installés sur un minuscule territoire du nord de la France, sont commandés par un roi nommé Childéric. À sa mort, en 481, son fils Clovis, ou Khlodowig (traduit en latin par Ludovicus puis Louis, prénom de dix-huit rois de France), lui succède. Le jeune roi, âgé de 15 ans, est ambitieux et rêve de conquêtes, mais il est aussi rusé et habile. Comme l'Église chrétienne est la dernière institution qui tienne encore debout grâce à ses évêques, Clovis se lie d'amitié avec Remi, l'évêque de Reims, dont il connaît l'influence et le pouvoir. Dès 486, Clovis remporte une brillante victoire face au général gallo-romain Syagrius qui gouverne un vaste territoire entre la Seine et la Loire. Dès lors, son ascension politique est foudroyante.

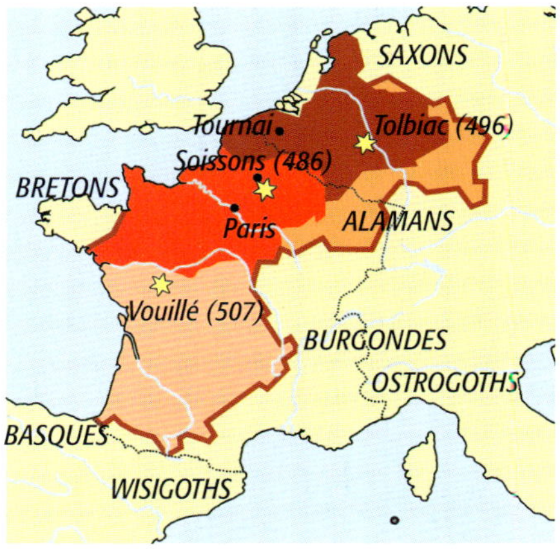

Victoires de Clovis
Royaume franc au début du règne de Clovis (481)
1res conquêtes de Clovis
Conquêtes sur les Alamans
Conquêtes sur les Wisigoths
Limites du royaume franc à la mort de Clovis
Frontières actuelles

« SOUVIENS-TOI DU VASE DE SOISSONS ! »

C'est après la bataille de Soissons contre Syagrius que se situe l'épisode du "vase". La tradition franque veut qu'après une victoire et le pillage d'une ville, le butin soit partagé entre le roi et les soldats. Lorsque l'évêque Remi réclame un vase richement décoré, tous les guerriers acceptent de lui abandonner cette prise, sauf un qui préfère le briser de son épée plutôt que de le remettre à l'homme d'Église. Un an plus tard, Clovis se retrouve face au même soldat à qui il reproche sa tenue, puis il saisit sa hache et la jette à terre. Tandis que le guerrier se penche pour ramasser son arme, Clovis lui fracasse la tête d'un coup de francisque en s'écriant : « Souviens-toi du vase de Soissons… ».

466
Naissance de Clovis, fils de Childéric et Basine. À cette époque, les Francs constituent une alliance de peuples dont chacun garde ses chefs et son indépendance. Au cours de son règne, Childéric réussit le tour de force de réunir tous les Francs autour de lui.

4 septembre 476
Début du Moyen Âge avec la chute de l'Empire romain d'Occident et de six siècles d'autorité romaine en Gaule. Le dernier empereur, Romulus Augustule, est renversé par Odoacre, le chef des mercenaires germains.

Le baptême de Clovis

Après une guerre contre les Burgondes, Clovis signe un traité avec le roi Gondebaud et épouse sa nièce Clotilde en 493 à Soissons. Une fois mariée, la jeune fille tente de convertir au catholicisme son époux qui doute de l'existence du dieu chrétien. Mais en 496, Clovis change d'opinion. Tandis qu'il livre bataille aux Alamans à Tolbiac près de Cologne, l'armée franque est sur le point d'être battue. Désespéré, Clovis invoque le dieu de son épouse : « *Dieu de Clotilde, je croirai en toi si tu me donnes la victoire.* » À ce moment, selon la légende, le roi des Alamans est tué d'une flèche et tous ses guerriers fuient en désordre. Clovis remporte la victoire.

Fidèle à sa promesse, le roi franc se fait baptiser à Reims par Remi le 25 décembre 496 ou 498 (date incertaine) et rejette son ancienne religion païenne. Il obtient ainsi l'appui des évêques contre les autres rois qui ne sont toujours pas chrétiens. Cette alliance entre la monarchie* franque et l'Église marque le début de la royauté en France. Le souverain règne au nom de Dieu, et seuls ses descendants (mâles) directs peuvent prétendre au trône.

À la bataille de Tolbiac (Zülpich en Allemagne), Clovis remporte une victoire décisive.

La dynastie des Mérovingiens

Clovis appartient aux Mérovingiens, première dynastie des rois francs, qui tire son nom de Mérovée, grand-père légendaire du premier roi chrétien. Cette lignée prend le pouvoir en Gaule en 481 et le garde jusqu'en 751. Même s'ils subissent l'influence du monde gallo-romain, les Francs conservent malgré tout des coutumes des peuples germaniques. La chevelure, par exemple, est pour eux un symbole de noblesse et de puissance. En la perdant, le roi perd aussitôt son pouvoir.

Toute sa vie, Clovis combat pour unifier la Gaule. À sa mort, le 27 novembre 511, son royaume s'étend jusqu'aux Pyrénées. L'unité ne sera pas maintenue après sa disparition et le royaume sera partagé, comme le veut la coutume germanique, entre les quatre fils de Clovis (*voir p. 10-11*).

493
Union de Clotilde et de Clovis. Née en 474, la reine a reçu de sa mère une éducation catholique. Son oncle Gondebaud assassine ses parents et l'enferme dans un couvent. Sa beauté et la pureté de sa foi sont renommées parmi les populations chrétiennes de la Gaule.

De 496 (après Tolbiac) à 509
Clovis conquiert les royaumes des Alamans et des Francs Rhénans. À la bataille de Vouillé (près de Poitiers) en 507, le roi Alaric est tué. Clovis s'empare de l'Aquitaine et du Languedoc, royaume des Wisigoths. En 508, il choisit Paris comme capitale.

Clotaire Ier — Chilpéric — Frédégonde — Clotaire II — Dagobert

Les rois fainéants

À la mort de Clovis, le royaume divisé sombre dans le chaos. Meurtres, tortures et exécutions sont pratiques courantes pour les nouveaux rois. Les VIe et VIIe siècles ne connaissent que de rares moments de paix comme lors du règne de Dagobert entre 629 et 639. Cette époque de désordre aboutit finalement à la chute des Mérovingiens.

Une descendance agitée

Les quatre fils de Clovis se partagent le royaume : Thierry Ier reçoit Reims et les territoires bordant la région du Rhin, Clodomir la région d'Orléans et le pays d'Auxerre à Nantes, Childebert Ier la Picardie, l'Île-de-France, la Normandie et la Bretagne. Clotaire Ier, enfin, obtient la région de Soissons. Mais aucun d'entre eux n'a l'intelligence politique ni l'ambition monarchique* de Clovis. Le dernier, pourtant, Clotaire Ier, réunifie temporairement le royaume des Francs en utilisant à l'égard de ses rivaux des moyens d'une rare cruauté. Il égorge de ses propres mains deux de ses neveux et fait assassiner l'un de ses fils. À sa mort, en 561, le royaume est à nouveau divisé.

UN ROI MAL CULOTTÉ !

La célèbre chanson du roi Dagobert est née sous Louis XVI pour se moquer de la royauté. Elle s'appuierait néanmoins sur une vérité historique : Dagobert souffrait de dysenterie chronique ; il n'était donc pas rare de le voir quitter le Conseil précipitamment et revenir ses vêtements mal remis !

629
Dagobert s'installe à Paris et favorise la basilique de Saint-Denis. Élevée à la fin du Ve siècle, elle devient la nécropole des rois de France. Les moines, installés dès 620, ont de nombreux privilèges, comme celui d'organiser, en octobre, une foire de grande renommée.

632
Mort du prophète Mahomet à Médine. La plus grande partie de l'Arabie est convertie à l'Islam.

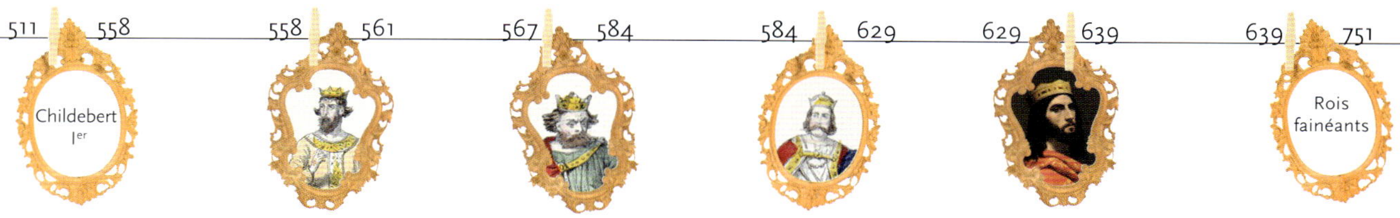

Mortel combat entre Frédégonde et Brunehaut

Les descendants de Clotaire Ier sont encore plus sanguinaires. L'un d'entre eux, Chilpéric Ier, répudie sa femme et choisit comme favorite Frédégonde, une servante aussi belle que cruelle. Or l'un des frères de Chilpéric, Sigebert Ier, bien plus vertueux, épouse en 566 Brunehaut, fille du roi des Wisigoths. Comme les deux frères se jalousent, Chilpéric s'unit alors aussitôt à la propre sœur de Brunehaut, Galswinthe. Mais il se lasse de sa nouvelle conquête et, avec la complicité de Frédégonde, la fait étrangler. Brunehaut exige vengeance et pousse son époux à déclarer la guerre à son frère. Mais Sigebert se fait assassiner par deux espions de Frédégonde en 575. Chilpéric, lui-même, est poignardé sur ordre de sa maîtresse cinq ans plus tard ! Si Brunehaut parvient à échapper à ses tueurs, elle tombe en 613 entre les mains de Clotaire II, l'un des fils de Frédégonde. Celui-ci la met à mort cruellement en l'attachant à la queue d'un cheval en furie...

Dagobert : le roi idéal !

Après la mort de son père Clotaire II en 629, Dagobert s'impose peu à peu comme roi des Francs. Il jouit d'un pouvoir absolu et parvient à rétablir l'ordre. Le roi est le premier à réunir un véritable gouvernement. Il renforce l'administration de son royaume en reprenant Paris pour capitale. Conseillé par le ministre de l'Économie Éloi, il assainit, pendant les dix ans de son règne, les finances, améliore la collecte des impôts, unifie la monnaie, et tente de limiter les pouvoirs des grands seigneurs auxquels les rois précédents ont accordé des terres. Mais, à la mort de Dagobert, en 639, selon le rite franc, le royaume est à nouveau partagé entre ses fils.

Dagobert Ier est le dernier grand souverain mérovingien et le premier roi à se faire enterrer dans la basilique de Saint-Denis.

Lorsque les rois fainéants sortent de leur palais, ils préfèrent une voiture attelée de bœufs plutôt que le cheval des guerriers francs.

Les rois fainéants

À la fin du VIIe siècle, les derniers rois mérovingiens perdent peu à peu leur pouvoir. Les successeurs de Dagobert Ier sont plus connus sous le nom de "rois fainéants". Ces souverains ne sont pourtant pas paresseux, mais plutôt impuissants et totalement dominés par les "maires du palais", sorte de Premiers ministres, dont les plus illustres appartiennent à la famille des Pippinides (*voir p. 12-13*), les ancêtres de la dynastie carolingienne. À l'origine, les maires du palais ne s'occupaient que du palais du roi, mais ils détenaient en réalité le pouvoir politique. Peu à peu, ils se sont enrichis et sont devenus les seigneurs d'immenses domaines. Plus puissants que le roi lui-même, ils ont fini par diriger seuls les affaires du royaume...

687
Pépin de Herstal, petit-fils de Pépin de Landen et père de Charles Martel, devient maire du palais des royaumes d'Austrasie (royaume de l'Est) et de Neustrie (royaume de l'Ouest). Les Pippinides sont les maîtres incontestés de la partie Nord de la Gaule.

Entre 711 et 732 environ
Les cavaliers francs découvrent que les Arabes utilisent des étriers pour monter leurs chevaux, ce qui leur procure une nette supériorité sur leurs adversaires et un plus grand confort. Cette invention, déjà empruntée aux Chinois, se répand dans toute l'Europe.

Pépin le Bref, un “sacré” petit roi !

Depuis le VIIe siècle, les rois mérovingiens n’ont plus beaucoup de pouvoir. Ce sont les maires du palais, des chefs de l’administration royale qui gouvernent à leur place. Une famille détient ce privilège : les Pippinides. Elle voit se succéder une série d’hommes de grande valeur et prêts à tout pour s’imposer. Pépin le Bref renverse le dernier roi mérovingien et fonde une nouvelle dynastie : les Carolingiens.

Une famille de chefs : les Pépin

Fondée par Pépin de Landen (580-640), la dynastie des Pépin (Pippinides) occupe, de père en fils, la fonction de maire du palais d’Austrasie. Pendant deux siècles, elle dirige le royaume, récolte les impôts, accumule les richesses, fait et défait les rois. Pourtant, depuis 718, la Gaule subit les raids dévastateurs des Arabes installés en Espagne. L’insécurité règne partout. Au milieu de cette confusion, le père de Pépin le Bref, Charles Martel, rassemble une armée et inflige une sévère défaite aux Sarrasins, en 732, aux environs de Poitiers (*tableau ci-dessous*). D’un courage légendaire, il doit son nom à *martellus* (marteau) car il frappait ses ennemis avec la force d’un marteau. Il apparaît alors comme le premier défenseur de la chrétienté. Pendant neuf ans, Charles Martel est le maître incontesté de la Gaule, même s’il n’a pas le titre de roi. À sa mort en 741, ses deux fils, Carloman et Pépin, surnommé le Bref en raison de sa petite taille, se partagent le pays. En 747, Carloman se retire dans un monastère et offre son territoire à son frère.

711
Conquête de l’Espagne : les troupes arabes et berbères s’emparent du royaume wisigoth de Tolède. Les musulmans multiplient les incursions en Gaule, envahissent les régions occidentales de l’Inde et atteignent la frontière chinoise.

720
Les Arabes ravagent le sud de la Gaule. Les Omeyyades forment la dynastie des califes arabes qui règnent sur l’Empire musulman de 661 à 750. Grands conquérants et remarquables bâtisseurs, ils ont érigé la mosquée de Damas.

*Pépin est sacré roi des Francs une première fois, en 754, par le pape Étienne II, puis par l'archevêque Boniface qui lui enduit le front d'une huile sainte, le saint chrême, à Saint-Denis (*tableau ci-contre*).*

Rois à la place du roi !

Pépin n'a pas officiellement le titre de roi qui revient au dernier Mérovingien Childéric III. Aussi confie-t-il à son conseiller, l'abbé Fulrad, le soin d'aller à Rome afin de consulter le pape : « *Est-il bon que les rois de Francie n'exercent pas le pouvoir ?* ». À cette question, le pape répond qu'il vaut mieux appeler roi celui qui a le pouvoir et demande que Pépin soit couronné.

En novembre 751, Pépin réunit à Soissons une assemblée, se fait proclamer roi par les grands du royaume, et fait enfermer Childéric III dans un monastère ! Enfin, il obtient que le pape en personne vienne le sacrer, lui et ses deux fils. La cérémonie du sacre se déroule le 28 juillet 754 dans la basilique de Saint-Denis. En échange, Pépin promet de protéger le pape et la ville de Rome. Désormais, la famille carolingienne est bien installée sur le trône. La transmission héréditaire de la couronne est assurée par les soins de l'Église. En se posant comme le protecteur de la chrétienté, Pépin donne un prestige considérable à cette jeune monarchie*.

Une justice étonnante

Au cours de cette période troublée, le droit romain est peu à peu abandonné au profit de lois orales issues des coutumes germaniques. (Le droit romain rassemblait des lois écrites qui réglaient notamment les rapports des citoyens romains entre eux.)

Lors des procès par exemple, la torture est censée arracher la vérité et la loi salique* prévoit ainsi la punition des criminels : « *Avoir arraché à autrui une main, un pied, un œil, le nez : 100 sous ; 63 si la main reste pendante ; avoir arraché le pouce : 50 sous, mais 30 s'il reste pendant ; avoir arraché l'index (le doigt qui sert à tirer à l'arc) : 35 sous, un autre doigt 30 sous ; deux doigts ensemble : 35 sous ; trois doigts ensemble : 50 sous...* » !

Heureusement, à partir du XIIe et surtout du XIIIe siècle, les juristes et légistes des rois de France vont redécouvrir les textes des lois romaines et s'en inspirer pour organiser la justice du royaume.

BERTHE AU GRAND PIED

À 25 ans, Pépin cherche à se marier. Un musicien lui parle de la troublante beauté de la fille du roi de Hongrie, nommée Bertrade. Il précise que le seul défaut de la jeune femme est que l'un de ses pieds est plus court que l'autre.
« Les pieds restent cachés sous les jupes », se dit Pépin et il demande que l'on amène Bertrade à Paris. Le mariage est célébré. La reine donne naissance à deux fils : Charles en 742 (le futur Charlemagne) et Carloman en 751.

756
Rome, menacée par les Lombards, est secourue par Pépin. Il s'empare d'une partie de leur territoire qu'il remet aussitôt au pape. Ainsi naissent les États de l'Église. L'alliance entre la monarchie franque et la papauté est confortée.

24 septembre 768
À la mort de Pépin le Bref, le royaume des Francs a retrouvé sa puissance. Le pays, plus grand, est désormais unifié et pacifié. Des relations d'amitié sont instaurées avec l'Empire byzantin en Orient.

Charlemagne, le grand-père de l'Europe

Conquérant de génie, habile administrateur, grand amoureux des lettres et des arts, Charlemagne mérite bien son surnom de Charles le Grand. Son rêve ? Reconstituer l'Empire romain ! Aujourd'hui encore, son histoire fascine les Européens...

Le prestige de Charlemagne grandit encore après sa mort. Poètes et chanteurs le font entrer dans la légende ; on lui prête "une barbe fleurie". En réalité, Charlemagne se rase comme tous les Francs !

Un empire chrétien et européen

Dès qu'il monte sur le trône, Charlemagne a une vaste ambition : faire triompher partout le christianisme et étendre ses frontières à toute l'Europe. Pour agrandir son royaume, il se lance dans des guerres de conquête qui vont durer 45 ans sur les 46 années de son règne ! Charles s'empare de l'Italie, de la Saxe, de la Bavière, d'une partie de l'Espagne – où il se bat contre les musulmans –, du royaume avar (Hongrie actuelle). En 800, le voici à la tête d'un immense empire de 15 millions d'habitants. Du jamais vu depuis la Rome des anciens empereurs ! Pour protéger l'Église et poursuivre la politique de son père, il entre en Italie et écrase les Lombards qui menacent Rome. Le pape Léon III le remercie en le sacrant le 25 décembre 800. Charlemagne reçoit alors du souverain pontife le titre "d'empereur des Romains".

Le globe, que tient Charlemagne dans sa main, représente la Terre dominée par la chrétienté. Il est l'emblème des Carolingiens.

- *Royaume en 751*
- *Conquêtes de Pépin le Bref*
- *Conquêtes de Charlemagne*
- *Peuples et États dépendants en 814*
- *États de l'Église*
- *Frontières actuelles*

778
Alors que l'armée de Charlemagne rentre d'Espagne par les Pyrénées, l'arrière-garde commandée par son neveu Roland est attaquée à Roncevaux par les Basques. Roland est tué. Cet épisode est à l'origine de la Chanson de Roland, *écrite à partir du Xᵉ siècle.*

800
Avec le sacre de Charlemagne, la scène internationale se divise entre trois empires rivaux : l'Empire byzantin avec Constantinople, l'Empire arabe et sa capitale Bagdad, et l'Empire carolingien dont le centre se trouve à Aix-la-Chapelle.

Charlemagne reçoit Alcuin qui lui présente des manuscrits réalisés par ses moines.

Une organisation intérieure efficace

L'empereur réorganise l'administration et divise son territoire en 300 comtés. Pour les contrôler, il envoie ceux qu'il considère comme "son œil et sa main", les *missi dominici* (un religieux et un laïc) qui rappellent à tous que l'empereur détient le pouvoir. Ces inspecteurs itinérants portent les instructions détaillées de Charlemagne, s'assurent que les ordres sont exécutés et recueillent les plaintes formulées par les seigneurs locaux.

Petit à petit s'instaure le système vassalique : des hommes se mettent au service d'autres hommes en échange de leur protection. Ainsi les vicomtes aident dans leurs tâches administratives les comtes (un par comté, soit 300), véritables compagnons de l'empereur. Aux régions frontalières sont nommés les marquis. Leur tâche principale est de rendre la justice et de conduire aux armées les contingents de leur territoire. Les ducs, sortes de super préfets, gouvernent plusieurs comtés et commandent les armées.

BONNET D'ÂNE

Charlemagne aimait étudier et s'entourer des plus grands lettrés de son époque. Pourtant, selon l'écrivain du IXe siècle Eginhard, il ne savait pas écrire. « Il plaçait toujours des tablettes et des cahiers sous les coussins de son lit afin de profiter de ses moments de loisirs pour s'exercer à tracer des lettres, mais il s'y prit trop tard et les résultats furent médiocres. »

La renaissance des arts et des lettres

Charlemagne donne aussi un élan décisif à la culture européenne. Il s'entoure des plus brillants esprits de son époque, tel le moine anglo-saxon Alcuin qui devient, dès 781, son principal conseiller. Tous deux encouragent la diffusion des textes antiques et lancent un vaste programme de développement intellectuel du royaume. C'est l'époque de la Renaissance carolingienne, riche en inventions de toutes sortes, comme l'écriture "caroline".

Parce que Charlemagne visite souvent l'école du Palais à Aix-la-Chapelle (*voir p. 16-17*), on dit qu'il est "l'inventeur de l'école". Il développe l'éducation des jeunes garçons, quelle que soit leur fortune, et oblige tous les évêchés de son empire à ouvrir une école. Il veille enfin à remonter le niveau intellectuel des prêtres et des moines qui, parfois, ne savent ni lire ni écrire !

Dans les monastères, des moines recopiaient en latin des textes très anciens datant de l'Antiquité. Avec la minuscule caroline aux lettres plus lisibles, la copie des manuscrits devient plus aisée.

La fin de l'empire de Charlemagne

Mais cet empire, bien fragile, ne lui survivra pas. Charlemagne meurt en 814, et le gigantesque royaume qu'il lègue à son fils, Louis Ier le Pieux, ne tarde pas à se disloquer. Sa disparition consacre la fin d'une Europe brièvement unie. Les frontières des futures grandes nations, France, Allemagne ou Italie, se mettent en place. C'est l'acte de naissance de l'Europe moderne.

814
Après 46 ans de règne, Charlemagne s'éteint à 72 ans, un record pour l'époque ! Sa mort provoque le déclin de l'Empire carolingien. Son fils Louis Ier le Pieux lui succède avec le titre d'empereur.

843
Traité de Verdun : à la mort de Louis le Pieux, l'empire est partagé entre ses trois fils, Lothaire Ier, Louis le Germanique et Charles II le Chauve. Ce partage est à l'origine des conflits incessants entre la France et les Germains.

Charlemagne surveille la construction du palais d'Aix-la-Chapelle.

Dans la **salle de réception**, vaste pièce de 50 m de long sur 20 de large, on reçoit les invités et les personnages importants. Régulièrement Charlemagne, assis sur un trône, y accueille les ambassadeurs étrangers ou les grands seigneurs du royaume. Les archives et les livres sont conservés à un autre étage du bâtiment.

Le palais d'Aix-la-Chapelle

À partir de 794, Charlemagne choisit Aix-la-Chapelle (Allemagne actuelle), une ancienne ville thermale, comme capitale située au cœur de son empire. Il y fait construire un vaste palais et s'y installe, six ans plus tard, avec sa cour. Le palais est splendide et considéré, à l'époque, comme l'un des plus beaux du monde.

Charlemagne y rassemble tous les pôles de sa vie de chef d'État, la religion d'un côté, l'administration et la politique de l'autre, au centre la justice et un peu à l'écart les résidences et les bains. Il y installe sa cour, ainsi qu'une vaste bibliothèque destinée aux études.

Ici, de jeunes nobles francs, garçons et filles, sont nourris et élevés en compagnie des enfants de l'empereur. Ils s'initient à la lecture, l'écriture, la grammaire, l'éloquence, le calcul, et l'astronomie, en contemplant les étoiles. À 7 ans, les garçons apprennent à manier les armes et à se tenir à cheval. Si les filles s'adonnent davantage aux tâches domestiques, comme le travail de la laine (*ci-contre*), elles chevauchent élégamment aux côtés des hommes lors des parties de chasse.

885
Les Vikings s'attaquent au royaume des Francs. Après avoir pillé pendant 5 ans la Flandre et la Picardie, ils remontent la Seine et menacent Paris. Seule la bravoure du comte Eudes empêchera la prise de la ville.

910
Fondation de l'abbaye de Cluny par six moines respectant la règle de saint Benoît. Les ordres religieux fleurissent au Moyen Âge. Celui de Cluny, qui rayonne dans toute l'Europe, compte plus de 10 000 moines au XIe siècle.*

PÈRE POULE

L'empereur aime aussi être entouré de sa famille. Marié cinq fois, il témoigne une profonde affection à ses seize enfants. Pour ne pas se séparer de ses filles, il refuse même qu'elles se marient !

911
Le roi des Francs Charles III le Simple accorde au chef viking, Rollon, par le traité de Saint-Clair-sur-Ept, un territoire de son royaume : la future Normandie, le "pays des hommes du Nord".

935
Les Hongrois, venus d'Asie centrale, ravagent l'Occident et le centre de la France. Battus en 950 par Othon Ier, roi de Germanie, ils s'installent en Europe et fondent la Hongrie. Ce peuple inspire à Charles Perrault le personnage de l'Ogre du Petit Poucet.

Hugues Capet, premier des Capétiens

En 987, Hugues Capet, duc des Francs, est élu roi de Francie à la place du dernier représentant des Carolingiens. Il n'est qu'un seigneur parmi les autres, ne gouvernant qu'un petit territoire. Qui aurait pu croire que son règne difficile allait donner naissance à une dynastie qui régnerait jusqu'à la Révolution, soit un peu plus de huit siècles !

La fin des Carolingiens

Après la mort de Charlemagne, ses héritiers sont incapables d'assurer la sécurité des populations face aux invasions des Vikings au nord, des Sarrasins au sud et des Hongrois, successeurs des Avars, à l'est. Ce sont les comtes, ceux qui possèdent les terres, qui deviennent les vrais protecteurs des habitants de leurs domaines. Ils entretiennent de véritables petites armées et s'emparent progressivement d'une partie du pouvoir autrefois détenu par le roi. C'est ainsi que Hugues devient en 956, duc de France à 15 ans. Gouvernant un territoire situé entre la Seine et la Loire, il est déjà un seigneur influent qui dispose de nombreux vassaux (*voir encadré p. 19*). Sa famille s'est illustrée à maintes reprises en combattant les Vikings au siècle précédent. Hugues a su nouer de nombreuses alliances avec les grands du royaume. Il a donc toutes les qualités pour régner. Il est même soutenu par le puissant et influent archevêque de Reims, Adalbéron.

CAPET, QUEL DRÔLE DE SURNOM !

Il le doit au manteau (cappa en latin, une cape) d'un des premiers grands saints français : saint Martin de l'abbaye de Saint-Martin de Tours. Tout comme ses ancêtres, il dirige personnellement la prestigieuse abbaye. Hugues n'hésite pas à arborer parfois fièrement "la cape" qui est la plus précieuse relique du pays.

Hugues Capet brandit l'oriflamme, une bannière parsemée de flammes d'or et fendue par le bas de trois pointes. Elle sert de ralliement pendant les batailles et à encourager les soldats pendant les combats.

961
L'empereur d'Allemagne Othon Ier, considéré comme le successeur de Charlemagne, est couronné à Rome par le pape. Naissance du Saint Empire romain germanique.

1031-1060
Règne de Henri Ier de France. Il a peu d'autorité à l'intérieur du domaine royal et perd la Bourgogne qui devient, jusqu'à la fin du Moyen Âge, un duché indépendant.

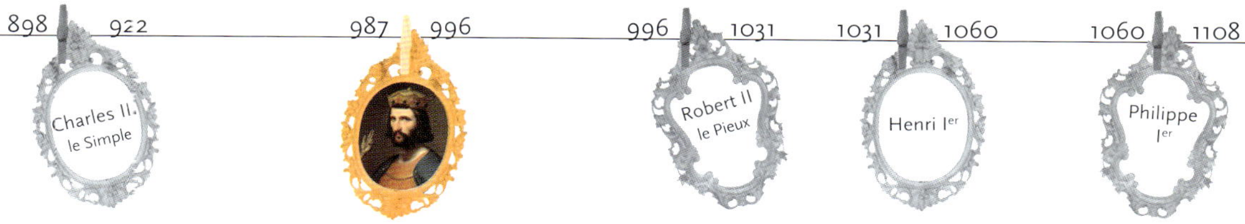

« Qui t'a fait roi ? »

Le 22 mai 987, le dernier des Carolingiens, Louis V le Fainéant, se tue dans un accident de chasse près de Compiègne. Comme il n'a pas d'héritier direct, son successeur doit être choisi par l'Assemblée des grands seigneurs du royaume. Le 1er juin 987, dans la ville de Senlis, Hugues Capet est élu roi des Francs. Le 3 juillet, il se rend à Noyon pour y être sacré par Adalbéron. Ce titre de roi, même s'il est de "droit divin", est malgré tout bien fragile.

Hugues est presque un roi sans royaume : il ne gouverne directement qu'un petit domaine en Île-de-France autour de Paris et d'Orléans. S'il était un seigneur puissant, Hugues Capet n'est finalement qu'un faible roi. Il est encerclé par des princes plus redoutables que lui, comme le comte de Toulouse ou le duc de Normandie, le futur Guillaume le Conquérant. Hugues Capet ne jouit pas encore d'un important pouvoir et ses vassaux n'hésitent pas à le contester. Certains seigneurs narguent le roi du haut de leurs donjons ou même lui interdisent de traverser leurs terres.

Lors d'un affrontement entre deux seigneurs, le roi intervient et demande à l'un des belligérants, Adalbert, comte de Périgord, de se retirer. Celui-ci refuse. Hugues lui rappelle alors : « Qui t'a fait comte ? *» et le vassal de lui répondre : «* Qui t'a fait roi ? *»*

NAISSANCE DE LA FÉODALITÉ

Durant cette période de guerres et d'invasions, une nouvelle société apparaît : la société féodale. En haut de cette pyramide, le roi est le seigneur des seigneurs. Ensuite viennent les nobles (ducs, marquis, comtes, châtelains) et les évêques. Tout en bas, les paysans. Chaque catégorie de personnes composant la pyramide doit obéissance à un maître au-dessus d'elle à qui elle prête le serment de fidélité : c'est l'hommage du serviteur (vassal) à son seigneur. En échange, celui-ci lui remet un fief (une terre). Le vassal doit venir en aide à son seigneur en cas de guerre.

Le reine Adélaïde, une mère attentive

Hugues épouse Adélaïde d'Aquitaine, fille du comte de Poitiers et descendante de Charlemagne, qui possède des territoires plus vastes que les siens. Ce mariage lui assure le soutien du puissant seigneur poitevin. En 972, Adélaïde lui donne un fils, Robert (le futur Robert le Pieux). À 11 ans, ce dernier tombe gravement malade. Sa mère multiplie les soins et les prières pour le sauver. Lorsque l'enfant est enfin hors de danger, elle le confie au savant Gerbert qui inspire au jeune homme l'amour de l'étude et en fait un seigneur pieux et instruit. À la fin de l'année 987, Hugues Capet fait sacrer Robert pour montrer à tous qu'il veut fonder une nouvelle dynastie. Désormais, seul le fils aîné héritera de la royauté, évitant ainsi les incessantes querelles entre frères qu'ont connues les Mérovingiens et les Carolingiens.

1066
Après la mort du roi Édouard d'Angleterre, son gendre Harold s'empare de la couronne. Guillaume, duc de Normandie, débarque en Angleterre avec 6 000 guerriers et le bat à Hastings.

1095-1099
Appel du pape Urbain II pour libérer la Terre sainte de la présence musulmane. Si la croisade des Pauvres conduite par Pierre l'Ermite est un échec, celle des "Barons" se termine par la reprise de Jérusalem. C'est la première croisade.

Louis VI le Gros, ou le réveil de la royauté

Roi obèse, connu pour sa gourmandise, Louis VI est aussi doué d'une énergie remarquable. On le surnomme tour à tour "le Gros", "le Batailleur" ou même "le Justicier". Son règne restaure l'image et le prestige de la royauté, mise à mal par les grands vassaux, et assure le renouveau de la dynastie capétienne. Avec lui commence vraiment l'unification du territoire national.

Un athlète incomparable

C'est un souverain d'un nouveau type qui monte sur le trône de France en 1108 : Louis succède à son père Philippe Ier qui préférait ses plaisirs personnels aux devoirs de l'État. Grand, fort et courageux, le roi est un athlète incomparable. Il aime la guerre et n'hésite pas à mener lui-même ses soldats au combat et, jusqu'à la fin de sa vie, à se jeter dans les mêlées. Il entreprend des batailles sans fin contre les seigneurs brigands, qui lui contestent son autorité en Île-de-France et dévastent la région entre Paris et Orléans. À la tête d'une troupe de 700 chevaliers, Louis VI détruit un à un leurs donjons et s'empare de leurs terres.

Louis VI épouse en secondes noces Adélaïde de Savoie, qui lui donne neuf enfants. En 1131, son fils aîné meurt des suites d'une chute de cheval. Sur les conseils de Suger, Louis VI fait aussitôt sacrer à Reims son deuxième fils sous le nom de Louis VII. Le roi meurt le 1er août 1137 d'une dysenterie due à l'excès de bonne chère !

« On ne prend pas le roi de France ! »

Louis VI tente aussi de se faire respecter à l'extérieur de son petit royaume. Fort de son autorité retrouvée, il s'oppose pendant 25 ans au fils de Guillaume le Conquérant, Henri Ier, roi d'Angleterre qui refuse de lui prêter hommage pour ses possessions normandes. Louis VI ne parvient pas à battre le plus puissant de ses vassaux ; il subit même une cuisante défaite à Brémule en 1119. Au cours de cette bataille, le roi se jette au milieu des Anglo-Normands ; un archer s'empare alors de la bride de son cheval et s'écrie : « *Le roi est pris !* » Louis lui fend le crâne de son épée et lance à son tour : « *On ne prend pas le roi de France ! Ni à la guerre ni aux échecs !* » et il parvient à s'enfuir. Lors de la troisième guerre contre Henri Ier, en 1123, l'empereur d'Allemagne Henri V, son allié, envahit la France avec une immense armée. Louis VI fait alors appel à tous ses fidèles vassaux qui constituent, "l'ost royal" (l'armée royale) et parvient à repousser les envahisseurs. C'est la première grande manifestation d'unité autour du roi dont le prestige s'accroît dans tout l'Occident.

Bataille de Brémule en 1119.

1098
Fondation de l'ordre monastique catholique de Cîteaux par Robert de Molesmes. Le plus célèbre cistercien est saint Bernard qui soutient l'ordre du Temple et encourage les croisades.

1099-1144
Les croisés consolident leur conquête en Terre sainte et fondent les États francs de Palestine et de Syrie, sous l'autorité de Godefroy de Bouillon. À sa mort en 1100, son frère Baudouin de Boulogne lui succède et prend le titre de roi de Jérusalem sous le nom de Baudouin Ier.

1100 — 1108 – 1137 — 1137 – 1180 — 1180 – 1223 — 1200

Suger, un brillant conseiller

Dans son entourage, Louis VI dispose d'un conseiller cultivé en la personne de Suger. Issu d'une famille de serfs (paysans non libres), celui-ci a eu le privilège d'entrer à l'âge de 10 ans à l'abbaye de Saint-Denis pour étudier et devenir moine. C'est là qu'il rencontre Louis et qu'il se lie d'amitié avec lui. Il se voit confier par le roi des missions diplomatiques auprès du pape et il "arrangera" le mariage entre le fils du souverain, Louis VII, et Aliénor d'Aquitaine (*voir p. 22-23*). Grand historien, il est à l'origine des *Grandes Chroniques de France*, histoire officielle de la monarchie* dont il écrit le premier volume, *La Vie du roi Louis VI*. Il ordonne la construction de la nouvelle basilique de Saint-Denis où se feront enterrer les rois de France et qui deviendra le monument symbole de la monarchie. C'est le premier édifice d'architecture gothique* en France.

La nouvelle basilique de Saint-Denis, commencée en 1122, marque le début du style gothique qui s'épanouit au cours du XIIe siècle. Depuis l'an 1000, l'Occident est animé par une véritable fièvre de constructions religieuses. En trois siècles, de 1050 à 1350, la France voit s'édifier 80 cathédrales et 500 grandes églises.

Lorsque Louis VI part en guerre contre l'empereur d'Allemagne en 1124, il lance pour la première fois : « Montjoie Saint-Denis ! » Ce cri de guerre devient le signe de ralliement de l'armée royale autour de la personne du roi de France. À l'origine, une "mont-joie" est une colline protégeant un territoire et il en existait une près de Saint-Denis.

1120
Fondation par Hugues de Payns de la milice des Pauvres chevaliers du Christ et du temple de Salomon qui devient l'ordre du Temple en 1129. Les chevaliers portent un manteau blanc marqué d'une croix rouge.

1128
Les habitants de la ville de Laon réclament leur liberté vis-à-vis des seigneurs qui les accablent d'impôts. À la suite d'un affrontement, les Laonnais forment une association (commune) et font appel à Louis VI qui leur accorde une "chartre de franchise", la liberté.

Aliénor d'Aquitaine et Louis VII le Jeune

Roi à 16 ans, le " Jeune" Louis VII est marié sept jours seulement avant la mort de son père à Aliénor d'Aquitaine. Héritière du duc d'Aquitaine, elle apporte en dot un territoire vaste comme cinq fois celui du roi de France. L'influence de cette reine sur les destinées du royaume va se révéler considérable.

La reine des troubadours

Aliénor épouse Louis VII le 25 juillet 1137, puis est couronnée reine de France le Noël suivant. Belle et sensuelle, elle est aussi très cultivée : elle connaît le latin, la musique et la poésie. Élevée à la cour d'Aquitaine, l'une des plus raffinées de l'époque, la souveraine est rapidement déçue par l'austère palais de l'île de la Cité à Paris. Quant à Louis VII, il se révèle ennuyeux et particulièrement pieux. Aliénor répète sans cesse : « *J'ai parfois l'impression d'avoir épousé un moine et non un roi !* ». Elle choisit alors de vivre entourée de troubadours, ces poètes qui vont de château en château. Ils racontent des épopées en vers glorifiant les vertus chevaleresques. Grâce à la reine, ce nouvel art de vivre se répand dans tout le pays.

La poésie des troubadours célèbre la femme avec beaucoup de respect et d'honneur. Elle devient alors l'incarnation de la noblesse et de la vertu.

L'amour courtois : une nouvelle culture

Les troubadours chantent "l'amour courtois", c'est-à-dire l'amour profond et véritable entre un chevalier et sa dame. Ce thème naît en Aquitaine sous la plume du duc Guillaume IX, le grand-père d'Aliénor. Mais rapidement, le sens du mot s'enrichit. Il devient une manière de penser, de se comporter, d'aimer et d'écrire selon des règles précises : la femme est vénérée pour sa beauté, l'homme doit être loyal, courageux selon les valeurs de la chevalerie. L'amoureux ne pense qu'à sa belle et en perd le sommeil. Enfin, l'amour vrai n'existe pas dans le mariage qui est plus une alliance politique. L'homme est ainsi toujours épris d'une femme inaccessible, mariée et d'un rang social plus élevé que lui.

1152
Frédéric Ier Barberousse est élu empereur du Saint Empire germanique. Brave, juste et chrétien, il a tout du chevalier modèle ! Il parvient à calmer les conflits qui déchiraient l'Allemagne. En 1189, il part en croisade, mais se noie un an plus tard en Anatolie.

1163
Début des travaux de construction de Notre-Dame de Paris. Le plan de la cathédrale est en forme de croix latine. L'ensemble est achevé en 1351. Le monument est impressionnant : 130 m de long, une façade de 40 m de large et des tours de 69 m de haut.

1108 1137

1137 1180

1180 1223

Les batailles de Louis VII

En 1144, l'émir turc de Mossoul s'empare du comté d'Édesse et menace les États chrétiens de Palestine. Aliénor pousse alors son époux à organiser la deuxième croisade qui part de Saint-Denis en mai 1147. La reine, ses suivantes et ses troubadours font partie de l'expédition qu'ils retardent considérablement. Parvenu à Constantinople, en Orient, Louis VII, qui n'aime pas la guerre, ne fait preuve d'aucun talent militaire. La croisade se solde par un échec cuisant où plus de 20 000 croisés périssent. La discorde entre les deux époux éclate lors du retour en France. Louis reproche à Aliénor la légèreté de sa conduite et la soupçonne d'infidélités ! Le mariage est annulé le 21 mars 1152. Louis se remarie avec Constance de Castille, puis avec Adélaïde de Champagne qui donne naissance au futur Philippe Auguste, le 21 août 1165.

Le destin d'Aliénor

La belle reine se remarie avec Henri Plantagenêt qui devient roi d'Angleterre en 1154 sous le nom de Henri II. Ce dernier, vassal du roi de France pour ses terres de Touraine, d'Anjou et de Normandie, se voit offrir par son épouse le duché d'Aquitaine (un quart du royaume de France), qui fait de lui un souverain plus puissant que le roi de France ! C'est le début d'une longue lutte entre Capétiens et Plantagenêts qui durera près de trois siècles.

En 1168, Aliénor, la mère du futur Richard Cœur de Lion et de Jean sans Terre, quitte l'Angleterre pour se retirer à Poitiers, en Aquitaine. Elle y accueille les troubadours tels que Bernard de Ventadour ou l'écrivain Chrétien de Troyes. Elle s'éteint en 1204, à 80 ans, et repose à l'abbaye de Fontevraud où elle est représentée un livre ouvert à la main.

Louis VII prend l'oriflamme à Saint-Denis avant de partir en croisade le 12 mai 1147. Il est le premier roi à revêtir le manteau de sacre à velours bleu semé de fleurs de lys. Cette fleur devient officiellement les "armes de France". L'abbé Suger, s'étant pris de passion pour la Vierge Marie, pense qu'elle est la protectrice du royaume de France.

Fiefs des Plantagenêts ou dépendant d'eux
Domaine royal
Fiefs vassaux du royaume de France
Frontières actuelles

1174
Le vizir d'Égypte Saladin unifie les pays arabes et réunit sous son autorité les deux principales régions de l'ex-Empire arabe. Il rassemble une armée puissante et inflige une cinglante défaite aux croisés à Hattin, puis s'empare de Jérusalem en 1187.

1181
Chrétien de Troyes rédige Perceval ou le roman du Graal. *Inspiré par les traditions bretonnes, il met en scène le roi Arthur et les chevaliers de la Table ronde dans leur quête du vase qui recueillit le sang du Christ.*

Philippe II Auguste, un roi conquérant

Servi par de remarquables qualités d'homme d'État, Philippe est un souverain habile, énergique, ambitieux, aussi brillant chef de guerre que diplomate. À la fin de son règne, il a réussi à quadrupler le domaine royal. Le royaume de France est maintenant la première puissance de l'Occident chrétien.

Intrigues royales

Couronné roi à 15 ans, Philippe II est dit "Auguste" en référence au grand empereur romain. Dès 1185, il a déjà acquis la riche région de l'Artois et le Vermandois. Mais à la suite de la prise de Jérusalem par Saladin en 1187, il entreprend la troisième croisade en compagnie de Frédéric Barberousse et de son rival, le roi d'Angleterre Richard Cœur de Lion, l'un des fils d'Aliénor. En 1190, après la prise de Saint-Jean-d'Acre, Philippe, prétextant une épidémie de fièvre dans l'armée, rentre en France pour comploter, à l'aide de Jean sans Terre (le frère de Richard Cœur de Lion), contre son redoutable voisin. Quand, à son tour, Richard quitte la croisade, il est fait prisonnier par le duc d'Autriche. Aussitôt le roi de France en profite pour s'emparer de la Normandie. Mais en 1194, Richard, libéré, inflige plusieurs défaites aux Français et reprend l'avantage avant de trouver la mort lors du siège de Châlus en 1199. Jean sans Terre monte alors sur le trône. Entre 1202 et 1205, le roi de France s'empare de l'Anjou, du Maine et de la Touraine. En 1206, seule la Gascogne reste encore aux mains des Anglais.

Bouvines, première victoire nationale

Jean sans Terre forme alors une grande coalition avec l'empereur germanique Othon IV et les comtes de Flandre et de Boulogne, traîtres au roi de France. Philippe Auguste, chef de guerre brillant, part affronter en personne ses ennemis à Bouvines (à côté de Lille) le 27 juillet 1214. Entre 4 000 et 6 000 fantassins et 2 600 cavaliers dans chaque camp s'affrontent. Réunie derrière l'oriflamme de Saint-Denis, l'armée royale se bat tout le jour et après 6 heures de combat, la victoire française est totale. Le lendemain, le cortège des vainqueurs prend la route de Paris. Le roi passe devant le comte de Flandre Ferrand fait prisonnier et lui lance : « *Te voilà ferré, Ferrand !* » À son arrivée, l'accueil enthousiaste du peuple est la première manifestation du sentiment national.

UNE NOUVELLE CAPITALE : PARIS

Sous le règne de Philippe Auguste, Paris devient la capitale du royaume. Le roi construit une enceinte fortifiée englobant la ville marchande sur la rive droite et le Quartier latin sur la rive gauche : 5 km de long, 3 m d'épaisseur, 9 de hauteur. Elle comporte un chemin de ronde, des créneaux, 12 portes fortifiées ainsi qu'une tour de 14 m de haut tous les 70 m. Écœuré par les mauvaises odeurs de la ville, le roi fait assainir les marchés par des égouts et paver les deux principales rues de Paris.

1190-1202
Construction du château du Louvre ordonnée par Philippe Auguste. À l'origine, il s'agit d'un donjon de 32 m de haut pour 15 de diamètre entouré d'une enceinte quadrangulaire de 77 m. Le donjon symbolise le pouvoir du roi, il y entrepose le Trésor royal et les archives.

1192-1194
Captivité du roi d'Angleterre Richard Cœur de Lion. Son frère Jean sans Terre tente de s'emparer du pouvoir. C'est dans ce contexte que se situe la légende de Robin des Bois. L'histoire, apparue en Angleterre au XVIe siècle, est popularisée par Walter Scott et... Disney.

La bataille de Bouvines est remportée sur les Allemands et les Flamands par Philippe Auguste le 27 juillet 1214. Le 2 juillet, le fils de Philippe, le futur Louis VIII, avait vaincu les Anglais à La-Roche-aux-Moines.

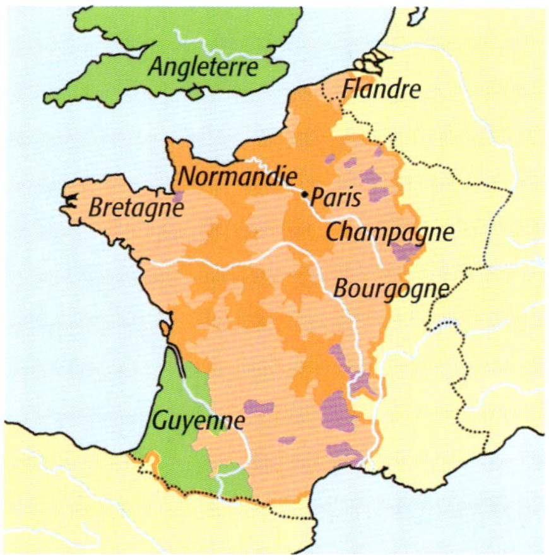

Une administration nouvelle

Pour mener à bien sa politique de conquêtes, Philippe Auguste réorganise complètement la gestion du royaume. Le roi intervient de plus en plus dans la justice, donnant souvent raison au plus faible. Il accorde de nouveaux droits aux bourgeois des communes en leur confiant davantage de responsabilités politiques. Jusque-là, l'administration du domaine royal était confiée à des prévôts qui s'occupaient notamment des revenus du roi (impôts). Pour les surveiller, Philippe nomme des "baillis" qu'il peut révoquer à sa guise contrairement aux prévôts. Véritables fonctionnaires de l'État, ils sont instruits et connaissent le droit romain (*voir p. 13*). Ils sont également chargés de lever l'impôt qui alimente le Trésor royal. Ce sont les ancêtres des préfets. Dans le sud de la France, les baillis prennent le nom de "sénéchaux". Philippe Auguste crée aussi la première police avec les sergents d'armes chargés de faire appliquer les décisions des juges.

Le roi meurt à 58 ans, le 14 juillet 1223, à Mantes, après 43 ans de règne. Son royaume est désormais le plus développé et le plus puissant d'Occident.

1206
Temudjin, chef des Mongols, nommé "Gengis Khan", se lance à la conquête de la Chine du Nord et s'empare de Pékin en 1215. Se tournant alors vers l'Asie centrale, son empire s'étend jusqu'aux portes de l'Iran.

1208-1209
Le pape Innocent III appelle à la croisade contre les Albigeois (ou Cathares). Après avoir obtenu l'autorisation de Philippe Auguste, les croisés, commandés par Simon de Montfort, déferlent sur le Languedoc. La population de la ville de Béziers est entièrement massacrée.*

L'éducation du futur Saint Louis

À la mort de son père Louis VIII en 1226, Louis, âgé de 12 ans, est trop jeune pour régner. Sa mère Blanche de Castille, petite-fille d'Aliénor d'Aquitaine et de Henri II, assure donc la régence jusqu'en 1234 et s'impose face aux seigneurs du royaume. Elle prépare son fils aux responsabilités du pouvoir et veille elle-même à son éducation.

LOUIS, PREMIER DE LA CLASSE

Contrairement à ses ancêtres – son grand-père Philippe Auguste ne connaissait pas le latin –, Louis reçoit une formation complète qui restera longtemps un modèle d'éducation royale. Blanche de Castille, puis des précepteurs dominicains* lui apprennent le latin qui est la langue de l'écrit.
Ils utilisent la Bible et, fait nouveau, s'appuient sur les textes des grands auteurs de l'Antiquité (Plutarque et Cicéron). Louis reçoit par la suite une formation universitaire héritée de la Rome antique et basée sur les sept matières principales que l'on nomme les "sept arts libéraux". Ses professeurs lui enseignent d'abord le *trivium* : grammaire, rhétorique (l'art de l'éloquence) et dialectique (l'art de raisonner et de savoir convaincre). Plus tard, d'autres enseignants lui inculquent les notions des quatre sciences (le *quadrivium*) : arithmétique, musique, géométrie et astronomie.

"MON FILS À MOI !"

La veuve de Louis VIII est une femme intelligente dont on dit qu'elle a « *un courage d'homme dans un cœur de femme* ». Mère de onze enfants, la reine Blanche organise les journées de son fils aîné Louis et assiste à tous les moments de sa vie. Sa sévérité est légendaire, elle n'hésite pas à dire qu'elle préférerait voir son fils mourir plutôt que de le voir commettre une mauvaise action. Elle est aussi une mère dévouée et possessive au point de ne pas supporter que quelqu'un d'autre s'occupe de son enfant. Ainsi, elle le nourrit de son propre lait. Un jour, alors qu'elle est fiévreuse, une dame de la cour présente son sein à l'enfant royal qui le saisit avidement. Rétablie, Blanche s'étonne que Louis refuse de la téter. Mais devinant rapidement pourquoi, elle met son doigt dans la bouche de l'enfant afin qu'il rejette ce qu'il a bu. Devant l'étonnement de l'assemblée, elle s'écrie : « *Eh quoi ! Prétendez-vous que je souffre qu'on m'ôte le titre de mère, que je tiens de Dieu et de la Nature ?* »

1215
Création de l'université de Paris, phare de la théologie. La ville devient un centre culturel dont la réputation dépasse le royaume de France. D'autres universités (Montpellier, Toulouse) s'ouvrent. On y enseigne la théologie, le droit et la médecine.*

Vers 1230
L'usage des chiffres arabes à la place des chiffres romains se généralise en Europe occidentale. L'adoption des 9 chiffres et du 0 (d'origine indienne) est due aux commerçants italiens. Ceux-ci répandent leur utilisation notamment grâce à leurs livres de comptes.

On ne plaisante pas avec l'éducation d'un prince

Les livres sont rares et le petit prince apprend à lire et à prier dans les Saintes Écritures (la Bible) comme le font les élèves de cette époque. Un stylet (ancêtre du crayon) dans une main, le livre dans l'autre, il est assis aux pieds de sa mère. Coiffée d'une couronne posée sur ses voiles de veuve et assise sur un trône, Blanche de Castille fait un geste de commandement. À droite, le précepteur, assis sur un simple banc, indique la ligne à lire ou à copier et tient les verges dans l'autre main. Il n'hésite pas à s'en servir pour frapper le dos de son jeune élève à la moindre erreur de sa part.

Louis, un saint avant l'heure !

Sa mère, très pieuse elle-même, se charge de son éducation religieuse. Elle l'accompagne à la messe tous les jours et lui enseigne la lecture des textes saints. Droite et exemplaire, elle lui transmet des préceptes moraux tels que l'esprit d'équité et la charité envers les pauvres. Elle se charge en outre de lui inculquer la notion de justice comme premier devoir du roi et gage d'un bon gouvernement.

Louis, premier des chevaliers

Louis suit un entraînement militaire dès l'âge de 7 ans. Il apprend à monter à cheval, à se battre en selle et à être brave et vaillant. Il développe sa force physique au cours des simulacres de combats que sont les tournois. Très jeune, le roi doit s'habituer à revêtir l'armure et à manier l'épée, la hache ou le fléau d'armes, constitué d'une masse de fer hérissée de pointes et rattachée par une chaîne à un manche de bois.

1232

Le pape Grégoire IX crée l'Inquisition. Ce tribunal juge les hérésies (croyances qui s'écartent de la religion catholique). Cette intolérance, favorisée par Louis IX, aboutit au massacre de la forteresse de Montségur : le 16 mars 1244, 200 Cathares y sont brûlés vifs.*

1241-1259

Constitution de la Ligue hanséatique : association maritime des villes marchandes de la mer du Nord à la mer Baltique (Lübeck, Rostock, Hambourg, Stralsund...). Cette puissante organisation joue bientôt un rôle économique de premier ordre en Europe du Nord.

Saint Louis, plus grand roi d'Occident !

Peu de rois sont aussi célèbres que lui ! Et pourtant, il reste énigmatique et plutôt mal connu. Louis IX est un souverain énergique à la vie austère qui cherche avant tout à faire régner l'ordre et la justice dans son royaume. Respecté dans toute l'Europe pour sa sagesse, sa piété et sa charité, il est considéré comme le plus grand roi chrétien de son époque. Canonisé en 1297 sous le nom de Saint Louis, il est aujourd'hui entré dans la légende.

À la recherche de la paix

Le règne de Louis IX laissera un souvenir nostalgique aux générations suivantes qui évoqueront « le bon temps de Monseigneur Saint Louis ».

Louis IX se marie à 19 ans avec Marguerite de Provence, la fille aînée du puissant comte de Provence, avec qui il aura onze enfants. Son règne ne débute vraiment qu'en 1236, lorsqu'il se dégage de la grande influence qu'exerce sur lui sa mère, Blanche de Castille. Religieux et énergique, Louis IX recherche la paix avec ses voisins, mais il sait être aussi intransigeant lorsqu'il soumet les Cathares* par la force. Par le traité de Paris de 1229, il met fin à la croisade des Albigeois qui a ensanglanté le Midi. Après avoir remporté les victoires de Taillebourg et de Saintes sur le roi d'Angleterre Henri III, il signe un traité de paix en 1259 par lequel Henri III renonce définitivement à la Normandie, la Touraine, l'Anjou, le Poitou et le Maine, tandis que la France accepte la présence anglaise en Aquitaine. L'opposition qui régnait depuis un siècle entre Capétiens et Plantagenêts cesse enfin… et le roi d'Angleterre redevient ainsi le vassal du roi de France en tant que duc d'Aquitaine.

CHRONIQUE DE JOINVILLE

Parmi les témoignages des contemporains sur la vie du roi, le plus crédible est celui du seigneur de Joinville. Cet ami et conseiller du roi rédige, en 1309, le Livre des saintes paroles et des bons faits de notre Roi Louis. *On y apprend que le roi est un bel homme, grand, blond et élégant mais de santé fragile. Son caractère est volontiers emporté et très autoritaire sous une fausse apparence de docilité.* « … Il avait l'habitude chaque samedi de laver en un lieu secret, humblement et dévotement, les pieds de trois hommes les plus pauvres et les plus âgés qu'on pût trouver. Il leur présentait aussi de l'eau pour se laver les mains, qu'il baisait de la même façon. Puis il donnait à chacun d'eux une somme d'argent et il les servait à table… »

1244
Les Arabes fabriquent de la poudre à canon avec du salpêtre, du soufre et du charbon de bois. Ce mélange "explosif" est inventé en Chine dès le VIe siècle. En Occident, les premiers canons apparaissent au début du XIVe siècle.

1270-1285
Aussitôt après la mort de Louis IX, son second fils est proclamé roi sous le nom de Philippe III le Hardi, devant Tunis. Il poursuit sa politique de paix et agrandit le domaine royal grâce au comté de Toulouse, de la Saintonge et d'une partie de l'Auvergne.

Prospérité et justice dans le royaume

Louis IX cherche à imposer la justice à l'intérieur du royaume. Il multiplie à cet effet les ordonnances et renforce l'administration. Il envoie des enquêteurs en province pour surveiller le travail des baillis (*voir p. 25*) et instaure la Cour des comptes pour vérifier les dépenses de l'État. Le roi lance également une réforme monétaire : il crée un "gros d'argent" et une pièce d'or qui représenteront bientôt pour les générations suivantes la "bonne monnaie". La monnaie des seigneurs n'est ainsi valable que dans leurs propres domaines.

Il interdit les guerres privées entre nobles, la prostitution et le jeu. Il crée à Paris, en 1254, un Parlement qui devient une cour de justice. Ce sont désormais des "légistes", et non plus les seigneurs, qui rendent justice, en ayant au préalable enquêté et recueilli des preuves. Le jugement de Dieu ne peut plus être invoqué impunément. L'époque de Saint Louis est également marquée par une grande prospérité économique qui voit le recul des famines et de la pauvreté.

Saint Louis rendant la justice sous un chêne à Vincennes.

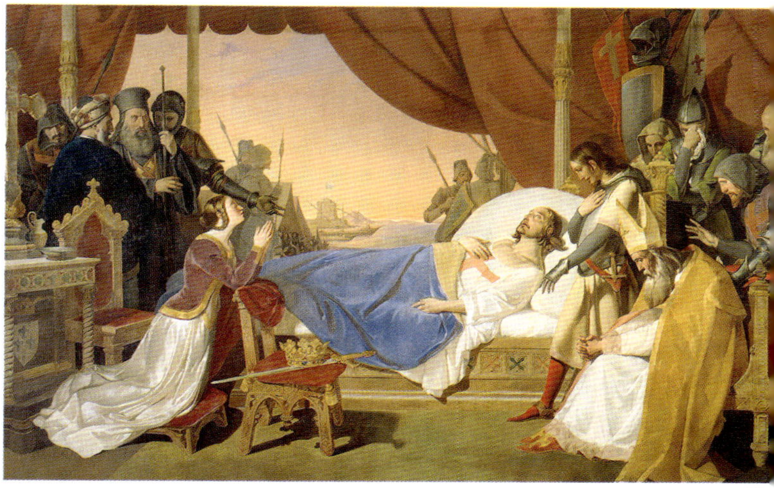

En 1270, Louis IX meurt, couché sur un lit de cendres en signe d'humilité et les bras en croix à l'image du Christ. Il apparaît comme un saint aux yeux de son entourage.

Louis, soldat du Christ

Louis IX est un roi profondément croyant. Il écoute deux messes tous les matins, récite de nombreuses prières et s'impose de dures pénitences. Lorsque ses seigneurs lui reprochent de passer trop de temps en prières, il répond : « *Si je perdais deux fois plus de temps au jeu ou à la chasse, vous ne m'en feriez pas grief !* » Il fait construire à Paris la Sainte-Chapelle pour abriter la couronne d'épines et un morceau de la croix du Christ qu'il a acquis à prix d'or. En 1244, à la suite d'une grave maladie, il fait vœu de se croiser. Après une longue préparation, il embarque à Aigues-Mortes (la ville portuaire qu'il vient de fonder en Méditerranée) et part pour l'Égypte avec 25 000 hommes en 1248. Mais l'expédition est un échec et le roi est fait prisonnier en 1250. Libéré aussitôt grâce aux Templiers qui payent une lourde rançon, Louis ne rentre en France qu'en 1254 après avoir soigné des malades, libéré des chrétiens prisonniers... Malgré les avis de son entourage, il repart pour la huitième croisade qui lui est fatale... Louis IX meurt de la peste sous les remparts de Tunis en 1270. Avec lui s'achèvent la dernière croisade et le rêve des Occidentaux de reconquérir les lieux saints.

1271
Marco Polo atteint la Chine. Il séjourne à la cour de Kubilaï Khan, petit-fils de Gengis Khan. Il rentre à Venise en 1295 après 23 ans de voyage. Il introduit en Italie des inventions chinoises comme le billet de banque et les pâtes.

1272-1307
Règne d'Édouard Ier en Angleterre. Surnommé "Longshanks" (Longues jambes) ou Édouard le Sec en raison de sa taille, ce roi guerrier combat l'Écosse, et s'empare du pays de Galles où il bâtit d'énormes forteresses.

Le sacre du roi

Le sacre est l'instant privilégié symbolisant la prise de pouvoir du souverain. Lors de cette cérémonie, le roi est élevé au-dessus des mortels et devient le représentant de Dieu sur terre. Il est une personne "sacrée", intouchable.

La cathédrale de Reims

Le sacre se déroule à Reims en souvenir du baptême de Clovis. Du IXe siècle à 1825, presque tous les rois de France sont sacrés dans la cathédrale de Reims. L'édifice, qui prendra son allure définitive sous Philippe Auguste, est impressionnant : 149 m de long, 34 m de largeur, 4 800 m² de surface, deux tours, construites au XVe siècle, de 81 m de haut. Ce chef-d'œuvre de l'art gothique* est orné de 2 302 statues dont 211 mesurent entre 3 et 4 m ! Enfin, le dallage de la nef est orné d'un labyrinthe qui symbolise le difficile cheminement du chrétien en quête de son salut.

La cérémonie du sacre

Dès le XIIIe siècle, la cérémonie du sacre suit un ordre précis. Le roi est sacré par l'archevêque de Reims, entouré de cinq évêques de sa province, de l'abbé de Saint-Remi de Reims, gardien de la sainte ampoule, et de l'abbé de Saint-Denis, gardien des insignes royaux (*voir p. 6-7*). À genoux, le roi commence par prêter serment. Il jure de préserver la paix, de faire régner la justice, d'assurer la protection de l'Église et de défendre la foi chrétienne. Puis il est "adoubé", comme un chevalier, par l'abbé de Saint-Denis qui lui remet les insignes royaux. Enfin, l'archevêque lui trace sur le front, la poitrine et les épaules, une croix avec une aiguille d'or trempée dans une huile sacrée contenue dans la sainte ampoule : le saint chrême. Le roi est frotté (oint) avec cette substance en sept endroits de son corps. Cette cérémonie confère au souverain son statut sacré, il est « *roi par la grâce de Dieu* ». C'est pourquoi les régicides* seront impitoyablement torturés et exécutés.

Le roi est ensuite installé sur le trône et les grands seigneurs viennent lui rendre hommage. Toute l'assemblée participe alors à une messe et à un grand banquet offert par la ville de Reims.

1291
Après la prise du krach des chevaliers de Syrie en 1271, le sultan Kalaoun s'empare de toutes les places fortes des croisés. En 1291, les guerriers mamelouks prennent Saint-Jean-d'Acre, ce qui marque la fin de l'Empire latin et des États croisés.

1291-1315
Les cantons suisses, autrefois liés au Saint Empire romain germanique, deviennent indépendants. La légende de Guillaume Tell, excellent archer et super héros de la liberté suisse, se situe à cette époque.

1292-1358
Seule fille de Philippe le Bel, Isabelle est l'épouse du roi d'Angleterre Édouard II. Femme glaciale et calculatrice, elle est surnommée la Louve de France. Elle complote avec son amant l'assassinat de son mari en 1327. Elle est exilée en 1330.

1297
Fondation de la dynastie des Grimaldi de Monaco : François Grimaldi, chassé de Gênes, s'empare de la forteresse, déguisé en moine franciscain. On trouve sur le blason de la principauté les traces de cette origine avec les deux moines tenant une épée.

Philippe IV le Bel

Fin politique, le petit-fils de Saint Louis poursuit de manière autoritaire et implacable la construction de l'État royal, d'où son sobriquet de "roi de fer". Son règne constitue indiscutablement l'apogée de la dynastie capétienne qui s'éteint avec ses fils.

Le grand architecte

Philippe le Bel monte sur le trône en 1285 à l'âge de 17 ans. Tous les témoignages soulignent sa stature majestueuse. La beauté de son visage lui a valu son nom de "le Bel". Ses interlocuteurs sont aussi impressionnés par son ton solennel et son regard de marbre. Aussitôt couronné, il entreprend de renforcer le pouvoir royal et de s'attaquer à la puissance des grands seigneurs féodaux. Pour cela, il s'entoure de conseillers compétents comme Guillaume de Nogaret et Enguerrand de Marigny qui connaissent très bien le droit et les lois. Le roi devient la loi personnifiée et affirme posséder un pouvoir absolu sur tout le royaume. Pour mener à bien sa politique, il crée ou améliore trois institutions : le Grand Conseil chargé des affaires politiques, le Parlement pour la justice, auquel il donne le premier règlement général, et la Chambre des comptes consacrée aux affaires financières.

En 1297, le roi Philippe s'attaque à la Flandre. Après avoir été sévèrement battus à Courtrai en 1302, les chevaliers français remportent une belle victoire à Mons-en-Pévèle, le 18 août 1304. La paix est finalement signée en 1305 et une partie de la Flandre (Douai, Lille et Valenciennes) est rattachée au royaume de France.

22 juillet 1298
Le roi d'Angleterre Édouard Ier bat à Falkirk les Écossais conduits par William Wallace, qui se révoltaient contre le pouvoir anglais. Capturé le 5 août 1305, Wallace est exécuté le 23 et devient un héros pour l'Écosse.

8 septembre 1303
Les relations avec la papauté s'enveniment. Philippe le Bel décide d'enlever le pape. Guillaume de Nogaret se rend au palais d'Anagni et tente d'arrêter Boniface VIII ; des témoins prétendent que le pape a été giflé ! Boniface perd la raison et meurt un mois après.

UNE REINE AMOUREUSE

Comme ses prédécesseurs, Philippe Le Bel cherche à agrandir le domaine royal par tous les moyens. En se mariant à Jeanne de Navarre en 1284, il prend le contrôle du comté de Champagne. La reine, orpheline à 2 ans, a hérité des domaines de son père. Très attachée à son époux, Jeanne donne naissance à sept enfants dont cinq deviendront roi ou reine. Mais si la reine laisse Philippe IV contrôler son comté, en revanche, elle garde la pleine souveraineté de son royaume pyrénéen, la Navarre.

La première réunion des États généraux

Pour trouver l'argent nécessaire à ses nombreuses réformes, Philippe IV lève les premiers impôts royaux. Parmi les nouvelles taxes, la décime frappe le riche clergé. Le pape Boniface VIII, furieux, s'insurge contre cette mesure. Pour le roi de France, il est hors de question que le pape intervienne dans ses affaires. Afin de démontrer l'unité de son royaume et l'adhésion de ses sujets à sa politique, Philippe IV le Bel convoque les nobles, les évêques et les bourgeois des villes à des "États généraux". Le roi tient donc compte de "l'opinion publique" de tout son peuple et réunit pour la première fois les trois "ordres" du royaume à Notre-Dame de Paris, le 10 avril 1302. Devant près d'un millier de participants, Philippe IV rappelle solennellement qu'il tient sa couronne de Dieu et non du pape, à qui il n'a aucun compte à rendre.

Philippe le Bel en conseil, entouré de son épouse Jeanne de Navarre, de ses fils et de ses "légistes".

La malédiction des Templiers

En 1307, Philippe décide de s'attaquer à l'ordre du Temple et de s'emparer de ses richesses. Celui-ci est alors si puissant qu'il est devenu un véritable État dans l'État. Le 13 octobre 1307, tous les Templiers, soit 15 000 chevaliers, sont arrêtés dans le royaume. Jetés en prison, ils sont accusés de pratiques non chrétiennes, torturés et exécutés. Le grand maître de l'ordre, Jacques de Molay, passe 7 ans en prison avant d'être condamné à être brûlé vif. Le 18 mars 1314 au soir, devant Notre-Dame, il est livré aux flammes. Le grand maître a encore la force de hurler : « *Pape Clément ! Roi Philippe ! avant un an, je vous cite à comparaître au tribunal de Dieu...! Maudits ! Soyez tous maudits jusqu'à la treizième génération de vos races !* »

La malédiction semble se réaliser puisque le pape meurt le 20 avril 1314, et Philippe Le Bel tombe de cheval le 29 novembre lors d'un étrange accident de chasse. Avant de mourir, il murmure à l'oreille de son fils aîné Louis : « *Pesez Louis, pesez ce que c'est que d'être roi de France...* »

1305
Philippe IV fait élire un pape français, Clément V. La prétention des papes à intervenir dans les affaires intérieures du royaume de France est ainsi terminée. Pendant plus de cent ans, ils vont résider à Avignon sous l'influence directe de la France.

1306
Expulsion des juifs du royaume de France et confiscation de leurs biens. Tout au long du Moyen Âge, les juifs sont persécutés. Ils sont expulsés d'Angleterre en 1290, en 1350 des États allemands, et en 1492 d'Espagne.

Scandale à la cour de France !

Comme si la malédiction de Jacques de Molay devait se réaliser, la monarchie* française connaît bien des difficultés après la mort du roi Philippe. La transmission de la couronne n'est plus assurée et les règnes des rois sont d'une brièveté étrange. En 14 ans seulement, trois souverains se succèdent à la tête de la France.

Au tout début...
Père de trois grands fils, Philippe le Bel pouvait croire sa succession assurée. Louis, l'aîné, épouse Marguerite de Bourgogne en 1305. Le second, Philippe, se marie à Jeanne de Bourgogne en 1307. Et enfin un an plus tard, le dernier, Charles, épouse Blanche, la sœur de Jeanne. Les trois belles-sœurs sont jeunes, belles, frivoles et sensuelles.

Les trois jeunes femmes s'ennuient et ne tardent pas à prendre des amants, deux chevaliers, les frères Gauthier et Philippe d'Aunay, qu'elles rencontrent, dit-on, dans la tour de Nesle (tour de l'ancienne enceinte de Paris construite par Philippe Auguste, située sur la rive gauche face à la tour du Louvre). Seule Jeanne, tout en couvrant les deux autres, refuse de prendre part à leurs ébats amoureux.

1312
Règne de Kouta Moussa pendant lequel le Mali atteint son apogée. Le roi exploite les mines d'or du Bouré et devient le plus riche souverain d'Afrique. Lors d'un pèlerinage à la Mecque, il emmène avec lui 30 000 courtisans et 40 mules chargées de lingots d'or !

1314-1317
Après une série de mauvaises récoltes, l'Europe du Nord connaît une période de famine, qui freine pour un temps l'élan démographique. Ypres perd 10 % de sa population en 6 mois. On signale même des cas de cannibalisme en Grande-Bretagne...

Furieux que sa descendance soit mise en péril par ces liaisons scandaleuses, le roi Philippe IV le Bel fait arrêter les trois femmes. Marguerite, 24 ans, et Blanche, 18 ans, sont reconnues coupables. Elles sont tondues, revêtues de la robe de bure (robe de ceux qui ont commis un péché) et conduites dans la glaciale forteresse de Château-Gaillard en Normandie. Leur complice Jeanne, 20 ans, est enfermée au château de Dourdan, sans être répudiée par son mari.

Quant aux deux amants, leur supplice est particulièrement horrible : ils sont châtrés, écorchés vifs, décapités en place publique et leurs corps suspendus par les aisselles au terrible gibet de Montfaucon (lieu des exécutions situé à l'extérieur des murailles dans le nord de Paris – actuelle gare du Nord).

Louis X le Hutin

Lorsque Louis monte sur le trône en 1314, il n'a donc pas d'épouse capable de lui donner un héritier. Son caractère coléreux et son esprit simple lui ont valu le surnom du "Hutin", le querelleur. La pauvre Marguerite meurt de froid et d'épuisement dans sa cellule en 1315. Certains affirment que le roi l'aurait fait étrangler pour pouvoir épouser la belle Clémence de Hongrie. Mais Louis X meurt brusquement, le 5 juin 1316, en buvant un verre d'eau glacé après une partie de jeu de paume. La reine Clémence accouche le 15 octobre 1316 d'un fils qui ne vit que cinq jours, Jean Ier le Posthume.

Philippe V le Long

Pour la première fois, un roi meurt sans héritier mâle. Qui doit régner ? Jeanne de Navarre, la fille de Louis et de Marguerite ? Les hommes de loi se réunissent et, sous la pression des frères et des oncles du roi défunt, interprètent un article de l'ancienne loi salique* des premiers rois francs, selon laquelle « *Femme ne succède pas au royaume de France* ». Ainsi, le frère de Louis X, Philippe, monte sur le trône, en décembre 1316, sous le nom de Philippe V le Long, du fait de sa maigreur. C'est un bon souverain, travailleur et intelligent. Il meurt après 5 ans de règne en 1322 et sans héritier mâle.

Charles IV le Bel

Toujours au nom de la loi salique, c'est donc le troisième fils de Philippe le Bel qui devient roi sous le nom de Charles IV le Bel. Le nouveau souverain obtient l'annulation de son mariage avec Blanche de Bourgogne et se remarie, une première fois avec Marie de Luxembourg, puis avec Jeanne de la Marche. Mais, en 1328, le roi meurt ne laissant que des filles. Il était le dernier des Capétiens directs…

1285-1356

La "saga" des rois maudits sera romancée au XXe siècle par l'écrivain Maurice Druon. Le premier tome Le Roi de fer *commence sous le règne de Philippe le Bel et le septième* Quand un roi perd la France *s'achève avec la capture de Jean le Bon à Poitiers en 1356.*

1325

Début des voyages d'exploration du géographe arabe Ibn Battuta. Il parcourt 120 000 km environ et visite l'Espagne, la Chine, l'Afrique occidentale et la Russie. Il nous décrit notamment la cour byzantine de Constantinople ou la peste noire de Bagdad.

Les rois de la guerre de Cent Ans

Les problèmes de succession après la mort du dernier des Capétiens, Charles IV, en 1328, entraînent la plus longue guerre du Moyen Âge entre la France et l'Angleterre. Ce conflit, qui durera en réalité 116 ans, sera entrecoupé de longues trêves.

Philippe VI de Valois

Jean II le Bon

Deux prétendants pour la couronne

À la mort de Charles IV, deux princes revendiquent la couronne de France : Édouard III, roi d'Angleterre depuis 1327, petit-fils de Philippe le Bel par sa mère, Isabelle de France, et Philippe de Valois, neveu du roi Philippe le Bel. Ce dernier a l'avantage d'assurer la régence et de présider l'Assemblée des barons – comprenant tous les grands seigneurs du royaume – qui doit désigner le nouveau roi. Édouard est considéré comme le roi d'un pays étranger, malgré ses liens de sang avec les Capétiens. Aussi, en avril 1328, l'Assemblée des barons choisit Philippe de Valois qui devient roi sous le nom de Philipe VI. C'est donc une branche cadette des Capétiens qui règne désormais sur la France.

Philippe VI, le temps des malheurs

Édouard III commence par prêter au roi de France le serment de fidélité qu'il lui doit pour la Guyenne (partie de l'Aquitaine). Puis il renie son hommage en 1337 et s'allie aux ennemis de la France, les Flamands. Les hostilités sont déclenchées. Les Anglais infligent deux graves défaites aux Français. L'une sur mer, à l'Écluse (vers Bruges) en 1340, et l'autre sur terre, à Crécy (près d'Abbeville), en 1346, où la chevalerie française est anéantie par les 5 000 archers anglais et les 3 000 soldats appuyés des premiers canons. Une trêve d'un an est accordée à Philippe VI, qui sera prolongée à cause de l'apparition de la peste noire en 1348. Le royaume de France est durablement affaibli : famines, pillages et révoltes paysannes (les "jacqueries") dévastent le pays. Le roi meurt en 1350 à l'âge de 57 ans mais cette fois, la succession est assurée.

L'hommage du roi d'Angleterre Édouard III à Philippe VI de Valois.

1348
Avant l'arrivée de la Grande Peste en Europe, la population française est estimée à 15 millions d'habitants, l'Angleterre en compte 3,5, l'Allemagne 7, la péninsule Ibérique 8. Près d'un tiers de la population européenne disparaît des suites de la peste noire.

mars 1349
Le Dauphiné, État indépendant, est rattaché à la France. Son dernier souverain, sans héritier, le vend au roi de France. Dès lors, le Dauphiné est réservé à l'héritier du trône de France. Le premier dauphin est le petit-fils de Philippe VI, le futur Charles V.

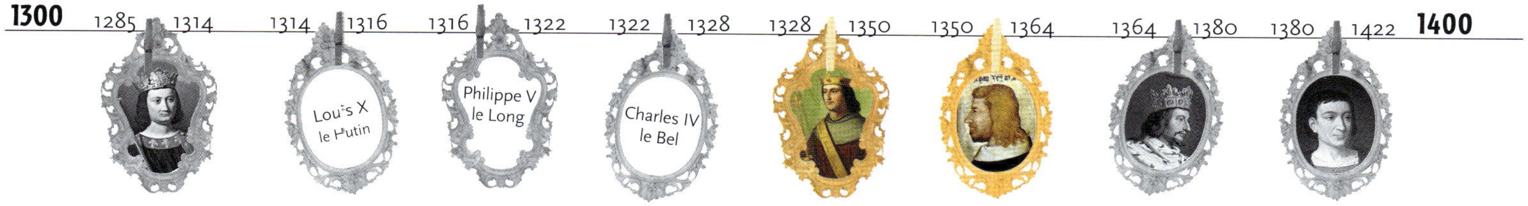

Jean II le Bon, le roi prisonnier

Après la mort de Philippe, son fils Jean monte sur le trône. Il a 40 ans, il est impulsif et coléreux, mais chevaleresque et très brave au combat, d'où son nom de le Bon. L'armée française subit de nouveau une cuisante défaite contre les Anglais à Poitiers en septembre 1356. Au cours de la bataille, son fils, Philippe dit "le Hardi", 14 ans à peine, le protège des coups d'épée ennemis en lui criant « *Père, gardez-vous à droite ! Père, gardez-vous à gauche !* » Malgré tout son courage, Jean II est fait prisonnier et emmené en Angleterre. La rançon exigée par les Anglais est énorme : 3 millions d'écus soit 13 tonnes d'or ! Pour être libéré, Jean II est contraint de signer en 1360 le traité de Brétigny (*voir p. 38*) qui cède à l'Angleterre plus du quart du royaume de France ! Après un règne marqué par tant d'échecs, le roi, prisonnier en Angleterre, meurt en 1364.

LES BOURGEOIS DE CALAIS

Édouard III d'Angleterre s'est emparé de la ville de Calais en 1346. Après un an de siège, le roi exige que les six plus riches bourgeois de la ville viennent devant lui en chemise, pieds nus et la corde au cou pour être exécutés. À cette condition, Édouard abandonnera la ville. Cet épisode a été immortalisé par le sculpteur Rodin en 1889. Les malheureux échappent à la mort grâce à l'intervention de la reine Philippine de Hainaut, l'épouse d'Édouard III.

Le jeune Philippe le Hardi protège son père Jean le Bon lors de la bataille de Poitiers. en septembre 1356.

1356
Le Prince Noir bat l'armée française à Poitiers. Le fils d'Édouard III, Édouard Plantagenêt, est surnommé ainsi en raison de l'armure noire qu'il porte depuis la bataille de Crécy en 1346, où il avait massacré des dizaines de prisonniers français.

9 juin 1358
Les paysans contestent l'autorité des seigneurs et pillent les châteaux. Le roi de Navarre, Charles le Mauvais, réprime la révolte paysanne (la "Jacquerie") à la bataille de Mello près de Clermont-en-Beauvaisis. 7 000 paysans sont massacrés.

Charles V, le règne de l'intelligence

« *Vivre avec mesure en toutes choses* », telle est la devise de ce roi dont le caractère réfléchi tranche avec l'impulsivité de son père. Pieux, tolérant, d'humeur égale, conscient des devoirs que lui confère la couronne, Charles V mérite bien le surnom de "Sage". Malheureusement, de santé fragile, il meurt à 43 ans.

Entrée de Charles V à Paris.

Une régence en pleine tourmente

Avant de devenir roi, Charles est d'abord régent du royaume, à partir de 1356, lors de la captivité de son père Jean II le Bon en Angleterre. Ce jeune homme de 19 ans doit surmonter bien des difficultés : les caisses du Trésor sont vides, le pays est dévasté, les paysans, accablés de taxes, se révoltent contre les seigneurs... La monarchie* a perdu son prestige. Il faut que le régent résiste également au roi de Navarre, Charles le Mauvais, petit-fils de Louis le Hutin, qui complote avec les Anglais pour s'emparer de la couronne de France. Mais Charles, habile et rusé, prépare patiemment son règne.

Un roi juste et populaire

Charles comprend que le maintien de la souveraineté passe par le soutien de la population. Il répartit ainsi mieux les impôts et pacifie le royaume livré aux pillards. Il obtient aussi une trêve avec l'Angleterre par le traité de Brétigny en 1360. La France doit céder à son ennemi la Guyenne, la Gascogne, Calais, le Ponthieu et les territoires du comte d'Armagnac. Quant au roi Édouard III, il abandonne les duchés de Normandie et de Touraine et, surtout, il renonce à revendiquer le royaume de France. Charles est enfin sacré roi à Reims le 19 mai 1364, avec sa femme, Jeanne de Bourbon, qu'il a épousée en 1350 (ils ont alors tous les deux 12 ans !) et qui lui donnera huit enfants, dont deux seulement atteindront l'âge adulte.

1368
La population chinoise rejette la domination mongole des Yuan et établit une nouvelle dynastie proprement chinoise, appelée Ming, "lumière". Cette période s'ouvre sur une renaissance culturelle, dont le développement de l'industrie de la porcelaine.

1370
Charles V nomme Du Guesclin connétable de France (grand chef des armées du roi). Chevalier modèle, le valeureux Breton mène contre les Anglais une lutte sans merci et parvient à les chasser du Poitou, de la Normandie, de la Guyenne et de la Saintonge.

1300 1285 1314 1314 1316 1316 1322 1322 1328 1328 1350 1350 1364 1364 1380 1380 1422 1400

Un amoureux des arts et des lettres

Charles dit le “Sage” tient au prestige de sa couronne ; il s’établit dans de riches résidences comme le château de Vincennes. En 1367, il agrandit le Louvre commencé sous Philippe Auguste, et fonde la première bibliothèque royale qui deviendra la Bibliothèque nationale. Installé au Louvre dans la tour de la Fauconnerie, l’établissement comprend jusqu’à 917 ouvrages. Le roi collectionne également des objets d’art, comme des meubles et des tapis précieux, et il se passionne pour la philosophie, la médecine, les mathématiques et l’astrologie. Charles est aussi un grand bâtisseur ; il ordonne la rénovation des résidences royales de Saint-Ouen, Creil, Melun et fait construire la forteresse de la Bastille qui doit protéger la route menant au château de Vincennes (*ci-dessous, le donjon*).

Au siège de Melun, Du Guesclin est renversé par une pierre.

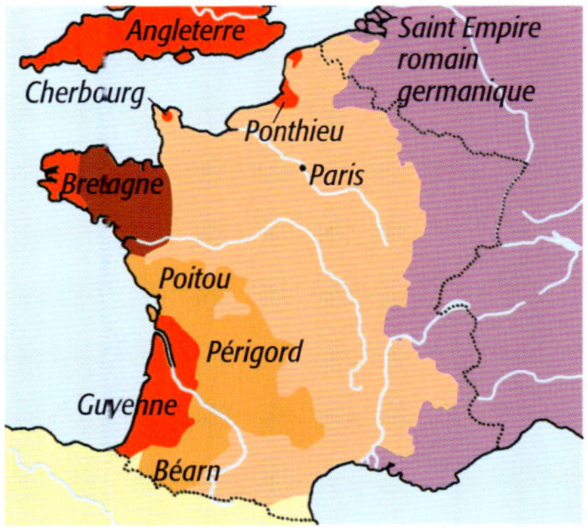

Royaume de France après le traité de Brétigny (1360)
Territoires contrôlés par Édouard III avant 1360
Territoires cédés par la France à l’Angleterre en 1360
Duché de Bretagne allié aux Anglais
Frontières actuelles

Le redresseur de la France

Charles n’est pas un guerrier, mais un roi diplomate, un spécialiste du droit et des lois. Aussi il est absent des champs de bataille et confie l’armée royale à des généraux comme Olivier de Clisson, Boucicaut ou le célèbre Bertrand Du Guesclin. Cette attitude provoque le mépris des seigneurs anglais et lorsqu’un baron dit à Édouard III d’Angleterre que le roi de France est un bon prince, son fils lance : « *Comment ? Ce n’est qu’un avocat !* » Informé de ces mots, Charles V s’en amuse : « *Soit ! Si je suis un avocat, je leur bâtirai un procès dont ils regretteront la sentence !* » Et effectivement, il reprend la guerre en évitant les batailles rangées, toujours défavorables aux Français. Il préfère ordonner une guerre d’escarmouches et de sièges, grignotant patiemment le territoire ennemi. Entre 1369 et 1375, les Français, menés par Du Guesclin, reprennent la quasi-totalité des terres possédées par les Anglais excepté Calais, Bordeaux et Bayonne. Charles V confisque également le duché de Bretagne en 1378. Le royaume retrouve enfin la puissance et la prospérité.

1378-1417
Nouvelle crise du catholicisme avec la mort du pape Grégoire XI en 1378. Les rivalités entre cardinaux italiens et français s’exacerbent. Le pape italien, Urbain VI, est élu et s’oppose aux cardinaux français. Ceux-ci élisent leur pape, Clément VII.

Vers 1380
Venise devient la ville commerçante la plus dynamique du monde jusque vers 1500. La cité contrôle la majorité de la côte adriatique et du trafic maritime méditerranéen. Vers 1400, le revenu par habitant est quinze fois plus élevé que celui de Paris ou Londres !

Charles VI, le roi fou

« Malheur au royaume de France dont le prince est un dément ! » :
voilà ce que l'on entend dans toutes les cours européennes.
Tous les acquis du règne de Charles V sont dilapidés
par un roi fou et une reine débauchée.

Là où le roi a perdu la raison...

Lorsque Charles V meurt en 1380, son fils n'a pas encore 12 ans. Le pouvoir est alors partagé entre ses oncles, les ambitieux ducs d'Anjou, de Berry et de Bourgogne. En 1388, à l'âge de 20 ans, Charles VI écarte ses oncles et les remplace par les Marmousets, les anciens conseillers de son père. Le roi est bon, généreux et "bien-aimé" par son peuple. Excellent cavalier, il adore les tournois et la chasse. Mais un jour de 1392, il est pris d'un premier accès de folie : il ne sait plus qui il est et ne reconnaît plus ses proches. Peu après, en forêt du Mans, il attaque sa propre escorte et tue quatre hommes. Charles sombre peu à peu dans la paranoïa et les crises se succèdent. Persuadé qu'il est fait de verre, il s'entoure d'attelles de fer sur tout le corps afin d'éviter qu'il ne se brise en mille morceaux ! Pendant les moments de démence du roi, ses oncles reprennent les rênes du gouvernement, mais ils se détestent et se disputent le pouvoir. Les "Armagnacs", les partisans du duc d'Orléans, affrontent ceux du duc de Bourgogne. La France est à nouveau à feu et à sang.

LE BAL DES ARDENTS

Un an après sa première crise de démence, une grande fête est donnée en l'hôtel Saint-Pol à Paris, le 28 janvier 1393. Pour égayer la soirée, quelques seigneurs ont l'idée d'organiser une farce et d'effrayer les dames. Ils se déguisent en sauvages en revêtant des costumes enduits de poix et sur lesquels de l'étoupe est collée (matières hautement inflammables). Lorsqu'ils entrent dans la pièce, ils attirent la curiosité de quelques-uns qui s'approchent avec des torches. Aussitôt leurs vêtements s'embrasent et quatre d'entre eux sont brûlés vifs. Le roi, qui participe à cette mascarade, échappe de peu à la mort. Ce drame le fait basculer dans une folie encore plus profonde.

23 janvier 1383
Fin de la révolte des Maillotins (artisans et commerçants parisiens en révolte contre l'impôt royal). Armés de maillets de plomb, ils s'en prennent aux agents du roi. Cette révolte entraîne une répression sévère, les chefs des émeutiers sont décapités ou pendus.

1399
En Angleterre, Henri de Lancastre, fils de Jean de Gand et chef de l'opposition féodale, renverse Richard II et devient roi sous le nom de Henri IV. Il fonde la maison des Lancastre et règne jusqu'en 1413. Son fils Henri V déclenche à nouveau la guerre contre la France.

Isabeau de Bavière, princesse allemande

Le 17 juillet 1385, Isabeau de Bavière épouse à Amiens le roi Charles VI. Elle a 14 ans, lui 16, ils ne se connaissent pas et ne parlent pas la même langue. Charles VI la comble de cadeaux et de gentillesse. Il organise pour elle bals et fêtes au risque de mettre en danger les finances du Trésor royal. Mais lorsque le roi sombre dans la folie, il ne reconnaît plus sa femme : « *Quelle est cette femme dont la vue m'obsède ? Délivrez-moi de ses persécutions et de ses importunités...* » La reine se console alors dans les bras du propre frère du roi, le séduisant duc Louis d'Orléans. Leur liaison, connue de tous, fait scandale.

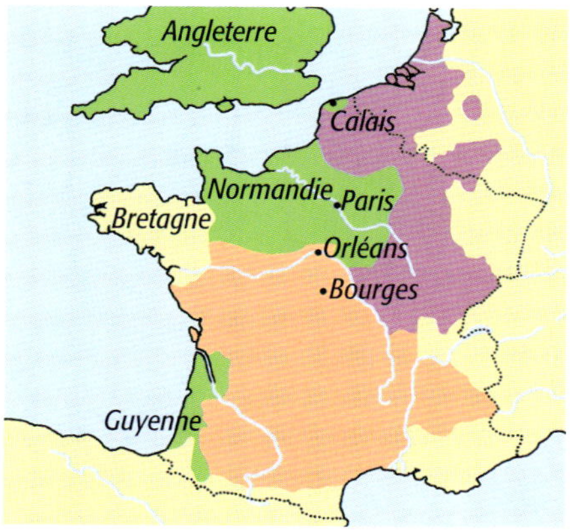

Zone contrôlée par les Anglais

Zone contrôlée par le duc de Bourgogne

Territoire revenant à Charles VII

Frontières actuelles

Entrée d'Isabeau de Bavière à Paris. Elle donnera douze enfants à Charles VI.

En 1407, lorsque le duc meurt, Isabeau a 36 ans et commence à acquérir un fort embonpoint. Bientôt obèse, elle devient incapable de se déplacer seule, mais continue de collectionner les amants et de se livrer à tous les excès. Charles VI, dans ses rares moments de lucidité, est informé de la vie débauchée de sa femme. Louis de Boisredon est arrêté et avoue sous la torture ses relations avec Isabeau. L'amant est étranglé, puis son corps est enfourné dans un sac avec cette inscription : « *Laissez passer la justice du Roi* », puis jeté dans la Seine.

La France livrée aux Anglais

En Angleterre, le nouveau roi, Henri V de Lancastre, revendique à son tour la couronne de France. La guerre reprend et les Anglais débarquent en Normandie. Le 25 octobre 1415, l'armée française, indisciplinée et mal commandée, est entièrement écrasée à Azincourt : près de 10 000 soldats français périssent dans la bataille. Le royaume est alors presque entièrement occupé par les Anglais, tandis que Paris et le roi sont aux mains des Bourguignons. Le 21 mai 1420, Charles VI est contraint de signer le traité de Troyes (fomenté entre autres par sa propre épouse Isabeau) par lequel il déshérite son fils et marie sa fille à Henri V qui succèdera à son beau-père sur le trône de France à la mort de celui-ci. Le 1er décembre, le roi d'Angleterre entre à Paris ; il prend la régence et destitue de tous ses droits le dauphin, futur Charles VII, qui s'était réfugié à Bourges depuis 1418. La France est aux Anglais.

23 novembre 1407
Le frère de Charles VI, Louis d'Orléans, est assassiné par le duc de Bourgogne, Jean sans Peur. Ainsi débute une cruelle guerre civile entre les Bourguignons et les Armagnacs, partisans des Orléans, qui ensanglante la France pendant près de 40 ans.

Hiver 1407-1408
L'Europe connaît l'hiver le plus rigoureux de tout le Moyen Âge : chutes de neige impressionnantes, rivières gelées. Les charrettes circulent sur la Seine et place de Grève, on débite le vin à la hache.

Charles VII, le roi victorieux

Déshérité, isolé, régnant sur un tout petit territoire, le fils de Charles VI est surnommé "le petit roi de Bourges". Pourtant, grâce à l'intervention providentielle de Jeanne d'Arc, le dauphin reconquiert son royaume en moins de vingt ans. C'est l'un des moments les plus extraordinaires de l'histoire de France !

Jeanne d'Arc a été surnommée "la Pucelle" (la jeune fille). Fille de riches paysans lorrains, elle n'a que 17 ans lorsqu'elle se rend auprès du roi de France. Elle deviendra une héroïne nationale et le symbole de la résistance à l'envahisseur.

Jeanne la Pucelle au secours du roi

Avant même la mort de Charles VI en 1422 et l'occupation de Paris par les Bourguignons, alliés des Anglais, son fils se réfugie à Bourges. Pendant ce temps, les Anglais poursuivent la guerre et sont partout victorieux. Ils atteignent la Loire et le 12 octobre 1428, commencent le siège d'Orléans. Le 25 février 1429, une jeune bergère se présente à Chinon pour rencontrer le roi Charles VII. Alors qu'elle ne l'a jamais vu, elle le reconnaît au milieu de la foule des courtisans. Elle prétend avoir entendu des voix divines lui commandant de bouter les Anglais hors de France ! Devant le dauphin, elle lui déclare : « *Gentil Dauphin, je te le dis de la part de Messire Dieu que tu es le vrai héritier du trône de France !* »

LA REINE ET LA PREMIÈRE MAÎTRESSE OFFICIELLE

En 1422, Charles VII épouse Marie d'Anjou, une reine aimante et fidèle, mais qui a « un visage à faire peur aux Anglais eux-mêmes » *! Elle lui donnera cependant quatorze enfants. Mais le roi tombe amoureux d'Agnès Sorel, une femme de 22 ans dont la beauté illumine la cour. Autant la reine est discrète et dévote, autant Agnès est extravagante et porte des tenues jugées scandaleuses (épaules et poitrine découvertes !). Le roi passe son temps auprès d'elle et délaisse la reine. Le futur Louis XI se révolte contre son père qui décide de l'exiler en Dauphiné ; il devra attendre la mort de Charles VII, le 22 juillet 1461, pour monter sur le trône de France* (voir p. 44-45).

1439
Charles VII organise la première armée permanente de France. Pour la première fois, les soldats sont payés même en temps de paix. Le roi équipe ses troupes d'une nouvelle arme apparue en Europe un siècle plus tôt : la poudre à canon.

1439
Jacques Cœur, simple marchand de Bourges, devient grand argentier du roi. Il réorganise les finances du royaume et lance de nombreuses expéditions commerciales vers les pays d'Orient. Il permet ainsi à Charles VII de financer sa guerre de reconquête du royaume.

La reconquête

Le dauphin accepte de confier à Jeanne d'Arc une petite armée qui délivre aussitôt la ville d'Orléans, le 8 mai 1429. C'est la première victoire française depuis bien longtemps. Partout où elle passe, Jeanne d'Arc brandit sa bannière blanche et redonne courage aux soldats. Elle reprend également aux Anglais les villes d'Auxerre, Troyes et Châlons-sur-Marne et fait sacrer Charles VII à Reims le 17 juillet 1429. Ce couronnement annule le traité de Troyes et permet au dauphin d'être reconnu par tous comme le légitime roi de France. La majorité de la population, lassée de l'occupation anglaise, prend fait et cause pour lui.

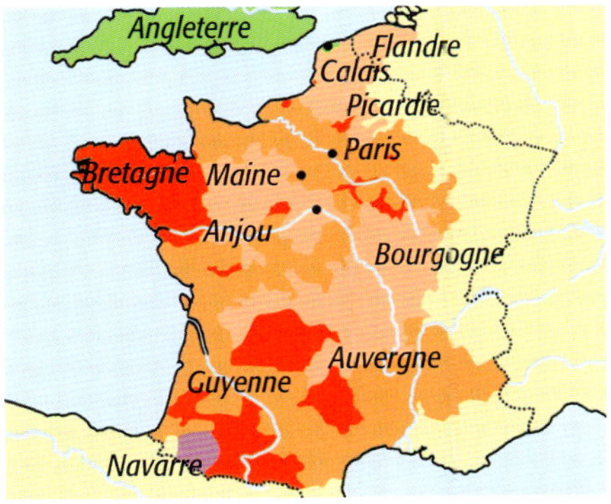

Le calvaire de Jeanne

Mais alors qu'elle marche sur Paris, Jeanne tombe dans une embuscade. Capturée par les Bourguignons, elle est livrée aux Anglais. Charles VII ne fait aucun geste pour la sauver. Emprisonnée, jugée pour sorcellerie et condamnée, elle meurt, le 30 mai 1431, brûlée vive sur un bûcher dressé place du marché à Rouen.

En 1435, Charles VII met fin à la querelle entre Armagnacs et Bourguignons en signant le traité d'Arras. Le roi entre de nouveau dans Paris en 1436, y installe son gouvernement et réorganise son armée qui est désormais dotée d'une puissante artillerie. En 1449, il se lance à la conquête de la Normandie, remporte une éclatante victoire à Formigny en 1450, et reprend la majorité des territoires du nord contrôlés par les Anglais, à l'exception de Calais. L'Aquitaine – qui était dans le camp ennemi depuis 1152 – redevient française en 1453, ce qui met un terme définitif à la guerre de Cent Ans. Charles VII a rétabli le pouvoir du roi et y gagne son surnom de "Victorieux".

Vers 1450

Un orfèvre allemand, Gutenberg, met au point les premiers caractères mobiles en métal. L'imprimerie est née. En disposant ces caractères sur une planche et en les enduisant d'encre, on peut désormais reproduire rapidement des milliers de textes.

29 mai 1453

Après 54 jours d'un siège terrible, le sultan turc Mahomet II donne l'assaut à la ville de Constantinople. L'empereur Constantin XI est tué, la basilique Sainte-Sophie est transformée en mosquée... L'Empire byzantin millénaire disparaît.

Louis XI, "l'universelle aragne"

Son habileté et sa patience à tisser sa toile autour de ses ennemis, à les prendre au piège et à les dévorer sans pitié lui ont valu le surnom de "l'universelle aragne" (araignée). C'est ainsi qu'il vient à bout de la révolte des princes coalisés contre lui et agrandit considérablement le domaine royal. Il est l'un des grands rois de l'histoire de France.

Un dauphin très turbulent

Intrigant sans cesse contre son père Charles VII, le jeune Louis est envoyé en 1447 administrer la province du Dauphiné. En 1456, il montre encore son indépendance en épousant, contre la volonté du roi, Charlotte de Savoie, alors âgée de 12 ans. La même année, à bout de patience contre ce fils rebelle, Charles VII décide d'envahir le Dauphiné. Louis trouve alors refuge auprès de son oncle, Philippe le Bon, duc de Bourgogne. Ce dernier, trop heureux de nuire au roi de France, l'accueille à bras ouverts et satisfait toutes ses volontés. Apprenant cela, Charles VII montre son étonnement : « *Mon cousin de Bourgogne nourrit un renard qui mangera ses poules !* » Il ne pense pas si bien dire. Cinq ans plus tard, Louis monte enfin sur le trône et commence à limiter l'indépendance des grands seigneurs.

"LES FILLETTES"

Louis XI est célèbre pour ses "fillettes", des cages de fer dans lesquelles il fait enfermer ses ennemis comme l'évêque de Verdun, Guillaume de Haraucourt, ou Jean de La Balue, soupçonnés tous deux d'avoir comploté avec le duc de Bourgogne. Les comploteurs sont enfermés dans des cages mesurant 3 m de long sur 2 de haut, suspendues parfois dans le vide. On raconte que l'évêque de Verdun y fut emprisonné pendant 14 ans…

Louis XI redonne à la France unité, prestige et prospérité. Il est très souvent représenté avec ses chiens, ici des lévriers.

1466
Louis XI veut développer les industries de luxe. Il favorise l'installation des premiers métiers à tisser la soie à Lyon et à Tours. Dans cette dernière ville, cette industrie fait vivre 3 000 des 20 000 habitants de la cité.

1469
Le mariage d'Isabelle de Castille et Ferdinand d'Aragon permet d'unifier l'Espagne, qui devient une grande puissance politique. 23 ans plus tard, ils conquièrent le royaume musulman de Grenade. L'unité définitive de l'Espagne est enfin réalisée.

Un puissant rival : le duc de Bourgogne

Sacré à Reims le 15 août 1461, trois semaines après la mort de son père, Louis XI part s'installer à Tours. Rapidement, il entre en conflit avec les princes du royaume qui multiplient les complots et s'allient aux rois étrangers. Son plus grand rival est le duc de Bourgogne, Charles le Téméraire, fils de Philippe le Bon, dont le très riche territoire s'étend jusqu'en Flandre.

Les seigneurs s'unissent au sein d'une "Ligue du bien public" et, en 1465, ils se révoltent en affrontant l'armée royale à Montlhéry (sud de Paris). Le 16 juillet, la bataille reste indécise et Louis doit accepter de traiter avec ses adversaires. Du 9 au 14 octobre 1468, il rencontre Charles le Téméraire à Péronne (Somme), au moment même où la ville de Liège se révolte contre l'autorité bourguignonne. Le duc, persuadé que des envoyés du roi ont organisé l'émeute, le retient prisonnier et l'oblige à céder la Champagne. Louis XI assiste, impuissant, à la répression des Liégeois et doit, sous la contrainte, crier « Vive la Bourgogne » en entrant dans la ville.

Entrevue de Charles le Téméraire et de Louis XI à Péronne.

LA PERSONNALITÉ DU ROI

On dit le roi violent, perfide, cruel mais aussi affectueux, fidèle et surtout pieux et très travailleur. Préférant la vie simple, il n'aime ni les fêtes ni le luxe. La chasse est sa seule passion. Il souffre perpétuellement de maux d'estomac et de la maladie de la goutte. Très laid, il se coiffe d'un modeste chapeau de feutre où sont accrochées des médailles. C'est au prix d'une réputation de cruauté que Louis XI peut affermir l'autorité royale et transformer une France moyenâgeuse en un État moderne. Sa devise n'est-elle pas « Qui ne sait dissimuler, ne sait régner *» ?*

La stratégie de l'araignée

Louis XI est bien décidé à ne pas laisser impuni l'affront de Péronne. Or Charles le Téméraire, sûr de sa puissance, attaque en juin 1472 le nord du royaume, mais son armée est arrêtée par les habitants de Beauvais. Bien qu'il accepte une trêve, Charles incite son allié anglais à reprendre la guerre contre la France. Le 4 juillet 1475, l'armée du roi d'Angleterre, Édouard IV, débarque à Calais. Décidément très rusé, Louis attire ses ennemis en leur offrant de l'argent pour acheter la paix. Puis il les piège en les dressant les uns contre les autres. La menace anglaise écartée, le duc de Bourgogne subit une série de défaites. Il meurt sous les murs de Nancy le 5 janvier 1477. Son corps est retrouvé en partie dévoré par les loups. Le roi de France récupère la riche Bourgogne et l'Artois. Plus tard, il rattache à la Couronne l'Anjou, le Maine et la Provence. À sa mort, les frontières de la France n'ont jamais été aussi étendues.

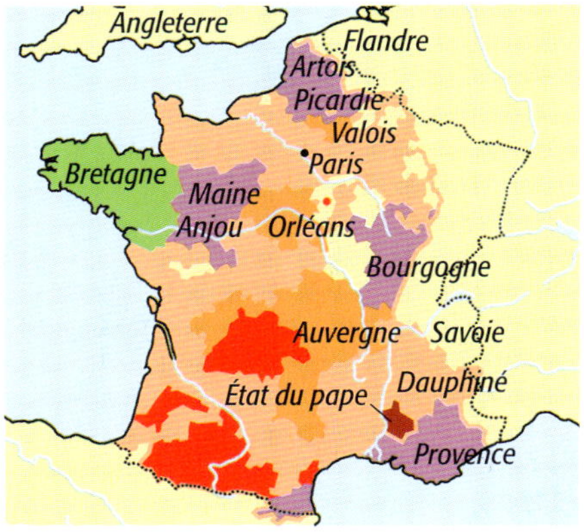

1471
Les explorations et conquêtes portugaises en Afrique se multiplient. Les Portugais découvrent São Tomé et Príncipe, la côte du Gabon, la Côte-de-l'Or (Ghana) qu'ils colonisent en 1482. Ils s'emparent également de Tanger et de Mina (Guinée).

1480
Ivan le Grand devient grand-prince d'une Russie unifiée. Sous son règne, Moscou est le centre du pouvoir et connaît un grand développement. Le Kremlin, modeste résidence de chasse, se transforme en une imposante ville fortifiée.

Anne de Bretagne, reine de Charles VIII et de Louis XII

Charles VIII et Louis XII ont au moins deux points en commun : ils ont épousé la même femme, Anne de Bretagne, et ils ont entrepris de conquérir un royaume en Italie, favorisant ainsi la diffusion en France de l'art de la Renaissance.

Mariage de raison : Anne de Bretagne et Charles VIII

À la mort de Louis XI, Charles n'a que 13 ans et il doit accepter la tutelle de sa sœur de 10 ans son aînée, Anne de Beaujeu. Tout en gouvernant d'une main ferme, celle-ci sait aussi user de diplomatie. Elle mate d'abord la révolte de certains seigneurs menée par le duc d'Orléans, le futur Louis XII (arrière-petit-fils de Charles V), qui est finalement emprisonné 3 ans durant. Puis, pour rattacher le grand duché de l'Ouest au royaume, elle organise le mariage de son frère avec Anne de Bretagne le 6 décembre 1491. Élevée à la cour de Bretagne, la promise possède des qualités de réflexion, d'énergie et de charme qui en font l'une des femmes les plus illustres de son temps. Elle fera tout pour préserver la relative indépendance de son duché natal. Malgré des caractères assez éloignés, le couple royal sera uni par un amour fidèle et sincère.

LE JEU DE PAUME

Inventé au XIIe siècle par des moines, le jeu consiste à renvoyer avec la paume de la main une boule de chiffon sur le sol, les murs et les poutres du cloître. Très vite adopté par les seigneurs, il devient "le jeu des rois et le roi des jeux". Henri II et François Ier furent des joueurs passionnés.

Les premiers débuts de la Renaissance

Petit-fils de Marie d'Anjou – elle-même fille d'un ancien roi de Naples –, Charles VIII possède des droits sur la couronne de Naples. Après avoir abandonné ses rêves fous de reconquête de la Terre sainte, il préfère se concentrer sur l'Italie. À la tête d'une forte armée, il pénètre dans la péninsule et reste émerveillé par les richesses artistiques de Florence, de Rome et de Naples. Mais une coalition, conduite par le pape Alexandre VI, contraint les Français à quitter l'Italie en 1495. Le roi ramène avec lui de nombreuses œuvres d'art et plusieurs grands artistes italiens qui sont à l'origine de la Renaissance en France. Une partie de ses richesses permet d'aménager le château d'Amboise de façon somptueuse. C'est dans cette demeure royale que le 7 avril 1498, en se hâtant de rejoindre une partie de jeu de paume, le roi, bien que « *petit comme un Pygmée* », heurte violemment le chambranle d'une porte basse et décède quelques heures plus tard, à 28 ans !

1492
Parti de Palos (Espagne) le 3 août, Christophe Colomb, avec ses navires la Pinta, la Niña et la Santa María, atteint le 12 octobre les Bahamas, les Grandes Antilles, Cuba et Haïti. Il pense avoir atteint l'Inde alors qu'il vient de découvrir un nouveau continent, l'Amérique.

1497-1499
Période des grandes découvertes géographiques. Le Portugais Vasco de Gama quitte Lisbonne le 8 juillet 1497 et inaugure la route des Indes en passant par le cap de Bonne-Espérance. Le 17 mai 1498, il touche la côte ouest de l'Inde.

1400 1500

1380–1422 
1422–1461 
1461–1483 
1483–1498 
1498–1515 

Lorsqu'il entre à Naples le 22 février 1495, Charles VIII est déclaré roi de Naples.

Anne, Louis XII et Marie Tudor

Charles VIII meurt sans héritier mâle ; la couronne revient donc à son oncle, le séduisant Louis d'Orléans. Une fois sur le trône, celui-ci fait annuler son mariage avec Jeanne de France, fille de Louis XI, qu'il avait été contraint d'épouser. Le 8 janvier 1499, il s'unit à Anne de Bretagne, dont il est amoureux depuis longtemps. La reine aime la politique, mais surtout les arts et les lettres qu'elle développe aussi bien en France que dans son duché natal.

Comme son prédécesseur, Louis XII se lance dans la conquête de l'Italie. Il s'empare du Milanais en 1499, mais affronte bientôt les Espagnols de Ferdinand d'Aragon qui convoite également les richesses italiennes. Après plusieurs combats, dont celui du pont de Garigliano où Bayard, le chevalier "sans peur et sans reproche" s'illustre en 1503, les Français, vaincus, se retirent. Ferdinand d'Aragon organise une coalition contre la France qui est alors menacée de toutes parts. Les Anglais débarquent en France.

Devenu veuf en janvier 1514, Louis XII obtient une paix inespérée en épousant le 9 octobre 1514, Marie Tudor d'Angleterre, la jeune sœur du roi Henri VIII, âgée de 16 ans, tandis que lui en a 52. Le roi meurt quelques mois plus tard, le 1er janvier 1515, épuisé, et toujours sans descendant mâle. La loi salique* désigne son gendre et cousin, François de Valois, comte d'Angoulême, comme successeur.

Louis XII, roi populaire, est officiellement surnommé "le Père du peuple" en 1506 par les États généraux réunis à Tours, parce qu'il consent à diminuer la taille, impôt payé par les roturiers.*

1500
Jérôme Bosch termine sa toile Le Jardin des délices. *Originaire d'Allemagne mais installé aux Pays-Bas, cet artiste se distingue des autres peintres de l'époque. Son style est caractérisé par des personnages caricaturaux issus des bestiaires du Moyen Âge.*

1500
Anvers devient la place commerciale la plus dynamique au monde. Remplaçant Venise, le port de l'Escaut domine l'économie internationale pendant plus d'un siècle. Épices, vins, cuivre, tout transite par cette plaque tournante du commerce mondial.

François Ier, prince de la Renaissance

Grand mécène et roi chevalier, François Ier apparaît comme le symbole de la Renaissance française. Ce nouvel art de vivre, né en Italie au XVe siècle, transforme en profondeur la société européenne. Avec François Ier, la France des Temps modernes prend son essor et la royauté devient de plus en plus une monarchie absolue*.

Le prince de la Renaissance

À la mort de Louis XII, la couronne revient à son gendre et cousin François de Valois, comte d'Angoulême, sacré à Reims le 25 janvier 1515. François Ier est un séduisant colosse de plus de 1,80 m, « *toujours prêt à rire* ». « *L'homme le plus brave et le plus beau du royaume* » possède l'amour du faste et de l'éclat. Il s'habille de drap d'or ou d'argent et porte presque toujours un béret de feutre et de velours. Il s'intéresse à tout : à la lutte, aux jeux de cartes, aux animaux… Il entretient à Amboise une véritable ménagerie : lions, tigres, autruches, etc. François Ier se passionne également pour les arts. En 1516, il fait venir près de lui Léonard de Vinci qu'il installe au Clos-Lucé tout près d'Amboise, où ses conceptions en architecture influencent les constructions des châteaux de la Loire, dont Chambord. En 1530, François Ier fonde le Collège de France. Neuf ans plus tard, il signe l'ordonnance de Villers-Cotterêts qui fait du français la langue officielle de l'administration et du droit à la place du latin.

LE FOU DU ROI

Le fou, ou bouffon, était celui qui, à la cour, avait pour fonction de divertir le roi. Son statut particulier lui laissait une grande liberté de parole. Triboulet (1479-1536), l'un des plus célèbres bouffons, servit Louis XII et François Ier. Un jour, alors qu'il avait offensé gravement une maîtresse de ce dernier, le roi voulut lui faire peur et menaça de l'exécuter en lui laissant le choix de sa mort. Le fou répondit : « Je demande à mourir de vieillesse. *» Ce qui laissa le roi sans voix et à lui la vie sauve !*

mars 1519
Hernán Cortés entame la conquête du Mexique pour le compte de Charles Quint. Les conquistadores, à la recherche de métaux précieux, font de l'Empire aztèque la Nouvelle-Espagne en 1521, et de Cortés son gouverneur.

septembre 1519
Magellan tente de rejoindre l'Inde par l'ouest. Il traverse l'océan Atlantique, contourne le sud de l'Amérique, passe par l'océan Pacifique et arrive en Asie. En mars 1521, son navire, La Victoria, *vient de réaliser le premier tour du monde de l'histoire.*

Le roi chevalier

Tout comme Charles VIII et Louis XII, François Ier se lance à la conquête de l'Italie. Il franchit les Alpes et inflige une sévère défaite aux Suisses à Marignan, le 14 septembre 1515. À la fin du combat contre les mercenaires du duc de Milan, le roi demande à Bayard de le faire chevalier. Le lieutenant répond alors : « *Sire, celui qui est couronné..., oint de l'huile, premier fils de l'Église, est chevalier parmi tous les chevaliers.* »

Mais bientôt, François Ier doit affronter un redoutable adversaire : Charles Quint, empereur germanique et roi d'Espagne. Les deux hommes s'opposeront jusqu'en 1544 – soit presque tout le règne de François Ier – sur le sol italien pour contrôler Milan. Captif de Charles Quint après sa défaite à Pavie en 1525, le roi de France n'est libéré qu'après avoir cédé à son rival la Flandre, la Bourgogne, Milan et Naples. Puis François Ier négocie la paix de Cambrai en 1529 grâce à laquelle la Bourgogne lui revient de nouveau. Après la mort de sa première épouse Claude de France, il s'unit en 1530 à Éléonore de Habsbourg pour des raisons politiques. Mais les guerres reprennent dès 1535 pour se terminer en 1544 où une paix définitive est enfin signée.

Le château de Chambord, chef-d'œuvre de la Renaissance, comporte 128 m de façade, 440 pièces, 80 escaliers et 365 cheminées. Sa construction, achevée en 1547, aura duré 28 ans.

La salamandre est l'emblème choisi par François Ier. C'est un animal mythique qui symbolise le pouvoir sur le feu, donc sur les hommes et sur le monde.

Portrait des filles et des deux épouses de François Ier. Au centre, Claude de France. La prune, ce fruit importé d'Asie, a été nommée "reine-claude" en l'honneur de la "Bonne reine".

Chambord : la Renaissance en France

Malgré les nombreuses guerres, la France devient un État riche, uni et puissant. Grâce aux pillages et au butin récolté en Italie, les caisses du Trésor se remplissent et permettent la rénovation ou la construction de nouveaux châteaux. L'édification de Chambord est ordonnée par le roi pour se rapprocher de la comtesse de Thoury. Il n'y habite que très rarement, préférant ses résidences du Louvre ou de Fontainebleau. Ce début du XVIe siècle voit fleurir de nombreuses demeures somptueuses dans le Val de Loire (Azay-le-Rideau, Chenonceaux). Les façades de ces châteaux s'éclairent de fenêtres et d'ornements. Leur aspect s'éloigne de plus en plus des châteaux forts médiévaux. Désormais, dans toute représentation artistique, les symboles du savoir sont préférés aux trophées guerriers.

septembre 1520
Début du sultanat ottoman de Soliman le Magnifique qui s'allie avec François Ier contre leur ennemi commun : Charles Quint. Âge d'or de l'immense Empire ottoman qui s'étend des Balkans au Proche-Orient et à l'Afrique du Nord.

13 août 1532
La Bretagne est rattachée à la France. Lors de son mariage avec Claude de France, fille d'Anne et de Louis XII, François Ier convainc son épouse de lui donner en cadeau le duché. Après l'accord des états de Bretagne, l'édit de rattachement est signé à Vannes.

Henri II, un roi entre deux femmes

Marié à la remarquable Catherine de Médicis, Henri II restera pourtant toute sa vie sous l'influence de sa maîtresse, Diane de Poitiers. Cette période brillante voit les arts de la Renaissance s'affirmer encore, mais elle est bientôt assombrie par le début des guerres de Religion.

Vie et mort du roi

À 7 ans, le futur Henri II est détenu, avec son frère François, en Espagne à la place de son père, François Ier, après la défaite de Pavie de 1525. Libéré en 1530, il demeure profondément marqué par cet emprisonnement. Sacré à Reims le 25 juillet 1547, Henri, d'une nature plutôt taciturne, croit aux valeurs de la vieille chevalerie. Il réconcilie la France et l'Italie mais décide de poursuivre la lutte entamée par son père contre l'empereur d'Allemagne et roi d'Espagne, Charles Quint. En 1552, il réussit à enlever aux Habsbourgs les villes de Toul, Metz et Verdun et reprend, en 1558, aux Anglais la seule ville qu'ils possédaient encore : Calais !

Le 30 juin 1559, pour célébrer le mariage de sa fille Élisabeth et de Philippe II, fils de Charles Quint, ainsi que la paix retrouvée (traité de Cateau-Cambrésis) avec la maison d'Autriche, Henri II organise une fête exceptionnelle à Paris. Le roi participe au tournoi comme il a coutume de le faire. Lors de son troisième assaut qui l'oppose à Gabriel de Montgomery, la lance de son adversaire pénètre par la visière du casque et touche le cerveau. Malgré les soins du médecin Ambroise Paré, Henri II meurt dans d'affreuses souffrances après onze jours d'agonie, le 10 juillet 1559.

1550
Nostradamus édite son premier "almanach", un calendrier de prédictions basées sur les astres. Les prophéties de ce médecin deviennent célèbres et il obtient la protection de Catherine de Médicis. Selon certains, il aurait prédit la mort tragique de Henri II.

1553
Les poètes Pierre de Ronsard et Joachim du Bellay fondent le groupe de La Pléiade. Leur volonté est de défendre la langue française contre le latin et de faire reculer "le monstre ignorance". Ils utilisent avec brio la forme poétique du sonnet.

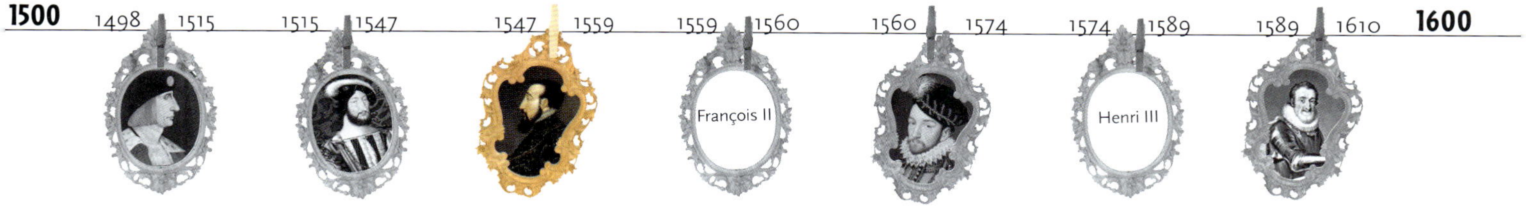

LA RÉFORME

Au début du XVIe siècle, des hommes estiment que l'Église catholique est corrompue. Selon eux, les papes ne pensent qu'à vivre comme des rois, les évêques et les prêtres qu'à s'enrichir. Ces protestants veulent réformer l'Église et ne plus obéir au pape à Rome. La Réforme est un mouvement chrétien de renouveau spirituel qui apparaît sous l'impulsion de Martin Luther puis de Jean Calvin. Ce courant se répand rapidement dans toute l'Europe. Les protestants français sont appelés les huguenots.

Diane de Poitiers

Diane n'a que 15 ans lorsqu'elle est mariée à Louis de Brézé, de 40 ans son aîné. Entrée à la cour de François Ier comme dame d'honneur de la reine Claude, elle devient la maîtresse du roi. Elle est chargée par celui-ci de l'éducation du jeune dauphin Henri, âgé de 12 ans. Bien que de vingt ans son cadet, le futur Henri II conçoit pour la belle Diane une passion qui ne s'éteindra qu'avec sa mort. Elle devient toute-puissante et le roi lui offre le magnifique château de Chenonceaux et lui fait construire celui d'Anet. Son influence sur les décisions royales n'est pas négligeable. Fervente catholique, Diane exprime sa haine des protestants, poussant le roi à les réprimer. Femme ambitieuse, elle est aussi mécène et protège l'architecte Philibert Delorme et le poète Ronsard. Immédiatement après la mort du roi, elle est écartée par Catherine de Médicis qui l'oblige à se retirer dans son château d'Anet où elle meurt à l'âge de 67 ans.

Catherine de Médicis, gardienne du trône de France

En 1533, Henri épouse Catherine de Médicis, arrière-petite-fille de Laurent de Médicis, prince et grand mécène florentin. Elle met au monde dix enfants dont trois deviendront rois de France : François II, Charles IX (*voir p. 52-53*) et Henri III. Intelligente et cultivée, Catherine a su faire de son origine étrangère un atout. Elle aime s'entourer d'artistes italiens et protège les hommes de lettres comme Ronsard et Montaigne.

Catherine joue un rôle modeste durant le règne de son mari. Mais à la mort de celui-ci en 1559, elle devient régente à l'un des moments les plus sombres de l'histoire de France. Elle parvient à maintenir l'unité du royaume et tente d'éviter les guerres de Religion, bien qu'elle porte une lourde responsabilité dans le massacre de la Saint-Barthélemy (*voir p. 52-53*). Elle n'hésite pas à combattre à la fois les ultra-catholiques, les protestants et les seigneurs qui veulent abattre l'autorité royale. Elle doit à ses origines italiennes cet esprit de tolérance qui la place au-dessus des querelles religieuses et aussi cet art consommé de la politique. Elle adopte souvent une attitude faite d'équilibre : tantôt favorable aux réformés, tantôt aux catholiques. « *Il ne s'agit pas de décider quelle est la meilleure religion, mais d'organiser au mieux l'État* », écrit-elle.

1554
Ambroise Paré, père de la chirurgie moderne, obtient le titre de docteur en chirurgie. Il découvre de nouvelles méthodes pour soigner plaies et blessures de guerre. Il devient le chirurgien officiel du roi Henri II et de ses fils.

3 avril 1559
Le traité de Cateau-Cambrésis marque la fin des guerres entre la France et les Habsbourgs. Henri II renonce à de nombreux territoires italiens et occupe Toul, Metz et Verdun. Quant à Philippe II d'Espagne, il restitue à la France une partie de la Picardie.

Charles IX et la Saint-Barthélemy

Avec la mort brutale de Henri II en 1559 s'achève le "beau XVIe siècle", cette époque de renaissance des arts et des savoirs qu'avaient encouragés les Valois, et en premier lieu François Ier. En mars 1562, le massacre de Wassy plonge le pays dans une série de guerres de Religion qui culminent avec le massacre de la Saint-Barthélemy le 24 août 1572.

1561
Jean Nicot, ambassadeur de France à Lisbonne, obtient d'un marchand flamand une herbe d'Amérique du Sud, réputée pour ses vertus curatives : le tabac. À l'époque, il se prise uniquement et est destiné à soigner les migraines de Catherine de Médicis.

30 mai 1574
Henri III devient roi de France à la mort de son frère Charles IX. Son règne est marqué par de graves problèmes religieux, politiques et économiques. La France connaît quatre nouvelles guerres de Religion qui achèvent de ruiner le pays.

Le feu aux poudres

Charles IX a 10 ans lorsqu'il succède à son frère François II. Sa mère Catherine de Médicis exerce la régence. Deux partis religieux s'affrontent : les catholiques avec François de Guise et les protestants avec le prince de Condé et l'amiral de Coligny. Si Catherine de Médicis prêche la tolérance (*voir p. 50-51*), le massacre de protestants à Wassy déclenche les hostilités dans toute la France. Pendant 8 ans, les guerres se succèdent. En 1570, une paix est cependant signée.

En 1571, Charles IX nomme au Conseil royal Gaspard de Coligny qu'il considère comme "un père". L'influence croissante du chef huguenot sur le souverain déplaît à sa mère. C'est probablement elle qui convainc son fils de le faire assassiner, déclenchant ainsi, sans le vouloir, le massacre de la Saint-Barthélemy. Un premier attentat manqué contre Coligny, le 22 août 1572, attise la haine entre les deux camps. Catherine décide alors l'élimination de tous les chefs protestants. De santé mentale fragile, Charles IX, harcelé par sa mère, s'écrie soudain : « *Eh bien, soit ! mais qu'on les tue tous pour qu'il n'en reste pas un pour me le reprocher après !* »

Le massacre de la Saint-Barthélemy

La voie est enfin libre pour les catholiques. Le moment est bien choisi puisque le mariage du huguenot Henri de Navarre, futur Henri IV, avec Marguerite de Valois (la reine "Margot"), sœur du roi, a attiré à Paris toutes les grandes familles protestantes. Le 24 août, jour de la Saint-Barthélemy, à 3 h du matin, le carillon de l'église de Saint-Germain-l'Auxerrois donne le signal de la tuerie. Les catholiques, qui arborent une écharpe blanche pour se reconnaître, assassinent les seigneurs huguenots surpris dans leur sommeil. Coligny est égorgé dans son lit et jeté par la fenêtre.

Catherine et son fils perdent alors complètement le contrôle de la situation. Les catholiques se livrent à une véritable chasse aux protestants, des femmes et des enfants sont éventrés, des corps jetés dans la Seine. Personne ne peut arrêter ce massacre qui durera six jours. Les tueries se poursuivent en province, faisant en tout près de 10 000 morts !

6 mai 1576
Henri III signe l'édit de Beaulieu-lès-Loches qui met fin à la 5e guerre de Religion. Il reconnaît le culte protestant et lui accorde de nombreuses garanties. Il réhabilite les victimes de la Saint-Barthélemy ainsi que le culte catholique dans les villes protestantes.

1576
En réaction à l'édit de Beaulieu jugé trop favorable aux protestants, Henri Ier duc de Guise, chef du parti ultra-catholique, crée la Ligue catholique. Appuyé par le pape, ce mouvement veut faire disparaître le protestantisme en France.

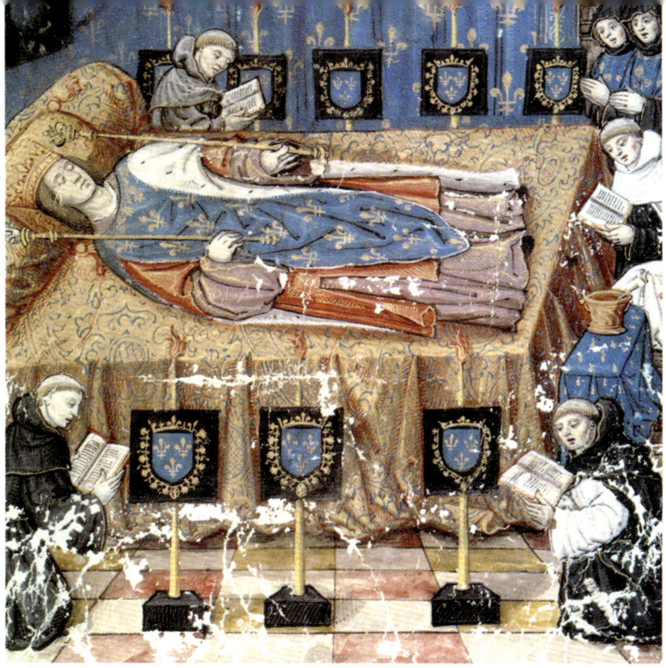

Le roi Charles VIII sur son lit de mort.

Le roi est mort ! Vive le roi !

Au cours du Moyen Âge, la royauté est peu à peu perçue comme permanente et éternelle. Charles V définit des règles strictes de succession et, à partir de 1407, à la mort du souverain, son héritier lui succède aussitôt, quel que soit son âge.

Une royauté immortelle

À partir de Charles V, ce n'est plus seulement le roi qui est glorifié mais la royauté elle-même, considérée désormais comme une monarchie* permanente et immortelle. Les règles de succession sont définies dans les *Lois du Royaume* que le roi lui-même ne peut modifier. Ainsi la loi salique*, qui institue la succession des souverains de père en fils, est définitivement officialisée sous l'influence des juristes de Charles V. En 1407 est mis en place le "principe d'instantanéité" de la succession à la couronne de France : à la mort du souverain, son héritier devient immédiatement roi avant même d'être sacré. Désormais, la régence aussi est accomplie au nom du roi.

« Le roi est mort, vive le roi »

C'est dans les cérémonies des funérailles que se manifeste le plus l'idée de continuité de la monarchie. Lors des célébrations funèbres du roi Charles VI, une effigie du roi défunt est placée à la vue du peuple sur son cercueil pour signifier que le souverain survit encore. Ce mannequin recouvert du manteau à fleurs de lys, tenant le sceptre et la main de justice, constitue une sorte de "poupée d'interrègne". Le défunt conserve ainsi la dignité royale jusqu'à son ensevelissement. À cet instant, s'élèvent les cris de « *Dieu ait l'âme du roi* » suivis de « *Vive le roi* ». Alors seulement le nouveau roi est pleinement le roi. Lors de l'enterrement de Charles VI, on crie pour la première fois « *Le roi est mort, vive le roi !* ». En 1610, à la mort de Henri IV, on ajoute « *Le roi ne meurt jamais !* » Ce qui rend, par conséquent, inutile le rituel de l'effigie.

1584
Mort d'Ivan le Terrible, premier tsar de Russie. C'est avec une extrême violence qu'il a étendu les frontières de la Russie et imposé à sa haute noblesse un pouvoir sans limites. Mais son régime a plongé le pays dans le chaos et le déclin économique.

1588
L'invincible armada espagnole est battue par la flotte anglaise au large de Calais. La tempête et la supériorité tactique des Anglais ont fait échouer la tentative d'invasion de l'Angleterre, destinée à détrôner Élisabeth Ire et à rétablir le catholicisme.

Les rois sont malades

Sur les 55 souverains qui ont régné sur la France depuis Pépin le Bref, la plupart sont morts de maladie. Le plus résistant est Louis XIV, roi de tous les records, qui s'éteint à 77 ans. En revanche, certains décèdent avant même d'avoir atteint la trentaine : Louis X le Hutin meurt à 27 ans d'une attaque cérébrale, et Charles IX est emporté par une pleurésie en 1574 à 24 ans. Les maladies qui entraînent la mort des rois sont très diverses : syphilis et tuberculose pour François Ier, variole pour Hugues Capet, petite vérole pour Louis XV, tuberculose pour Louis XIII. Quant à Louis VI, il meurt obèse en 1137 à 56 ans !

LES MORTS PROFANÉS

En 1793, les révolutionnaires s'attaquent aux symboles de la monarchie. La plupart des sépultures des rois sont violées, les tombeaux et gisants sont détériorés et les squelettes profanés, mais la basilique de Saint-Denis échappe de peu à une destruction totale. En 1806, Napoléon ordonne la restauration complète du bâtiment.

Les rois se meurent...

Le décès de certains souverains est entouré de mystère : Charles VII serait mort de faim craignant d'être empoisonné par son fils, le futur Louis XI. François II, qui succombe à de terribles maux de tête en 1560, après seulement 17 mois de règne, aurait été empoisonné par sa mère Catherine de Médicis... Plusieurs rois s'éteignent hors de France : Saint Louis à Tunis, Jean le Bon, prisonnier des Anglais, à Londres, Napoléon en exil à Sainte-Hélène en 1821, Charles X en Italie en 1836, Louis-Philippe et Napoléon III en Angleterre, le premier en 1850, le second en 1873, mais tous deux chassés de France par le peuple. Aucun d'entre eux ne meurt au combat et les morts violentes sont finalement assez rares. Deux sont assassinés, Henri III et Henri IV à 21 ans d'intervalle ; deux décèdent accidentellement, Charles VIII et Henri II, et évidemment celui dont la mort est décidée par le peuple : Louis XVI.

Le cimetière des rois

Le plus souvent, le roi est enterré dans la basilique de Saint-Denis dans un espace sacré, "le cimetière des rois". On y trouve les sépultures de 38 rois et 21 reines de France, de Dagobert à Louis XVIII. Les tombeaux sont ornés de "gisants", c'est-à-dire des sculptures représentant le roi ou la reine allongés. Au pied des gisants de femmes sont souvent figurés des chiens, symboles de fidélité, mais aussi guides dans les royaumes souterrains de la mort. Les sculptures de lion aux pieds des hommes représentent la puissance, la force et la résurrection.

23 décembre 1588

Pour se débarrasser de l'influence de la Ligue catholique, Henri III fait assassiner le duc de Guise au château de Blois. En voyant le corps de son ennemi à ses pieds, le roi aurait dit : « Il est encore plus grand mort que vivant ! »

1er août 1589

Henri III meurt assassiné à Saint-Cloud sous les coups de couteau d'un moine fanatique, Jacques Clément. Le roi n'a pas donné d'héritier au trône, mais il a pris soin de désigner son successeur en la personne de son cousin, Henri de Navarre.

Henri IV, le premier des Bourbons

Henri IV est certainement l'un des rois les plus populaires de l'histoire de France. Pourtant, quand le "bon roi Henri" est couronné, il lui faut d'abord reconquérir son royaume, les armes à la main. Le premier des Bourbons réussit à rétablir la paix religieuse et à redresser l'économie d'un pays ruiné par près de 40 années de guerres de Religion.

La paix et la prospérité retrouvées

Fils de la reine de Navarre, Jeanne d'Albret, Henri est élevé dans le culte protestant. Roi de Navarre en 1572, il est le chef du parti protestant lors des guerres de Religion. Après l'assassinat de Henri III en 1589, mort sans enfant, il devient l'héritier légitime de la couronne de France. Mais pour être accepté par son peuple à majorité catholique, Henri décide de se convertir au catholicisme. Avant d'entrer dans la capitale, il déclare « *Paris vaut bien une messe* » et abjure sa foi protestante le 25 juillet 1593 à la basilique de Saint-Denis. Cette conversion au catholicisme lui vaut le ralliement progressif de la noblesse et de la population. Toutefois, il doit encore affronter la ligue des ultra-catholiques soutenue par les Espagnols. Henri remporte une grande victoire à Fontaine-Française en Bourgogne, le 5 juin 1595. Il affirme ainsi son pouvoir et peut signer, le 13 avril 1598, l'édit de Nantes qui garantit aux protestants la liberté de pratiquer leur religion et de posséder des places fortes, comme La Rochelle et Montauban. Après quarante ans de guerre civile, la France connaît enfin la paix.

Henri, après avoir été sacré à Chartres le 27 février 1594, fait son entrée à Paris le 22 mars. Il est le premier Bourbon roi de France. Il descend en ligne directe du dernier fils de Saint Louis.

14 mars 1590

À Ivry, Henri IV remporte la bataille sur les catholiques. Monté sur son cheval blanc, coiffé d'un casque à plumes blanches, il s'écrie : « Soldats, si vous perdez vos étendards, ralliez-vous à mon panache blanc. Vous le trouverez toujours sur le chemin de l'honneur et de la gloire ».

1597

L'astronome et physicien italien Galilée invente le thermomètre à mercure. Plus tard, il développe des lunettes astronomiques qui permettent d'observer la Lune avec précision. Certaines de ses conclusions sont condamnées par l'Église.

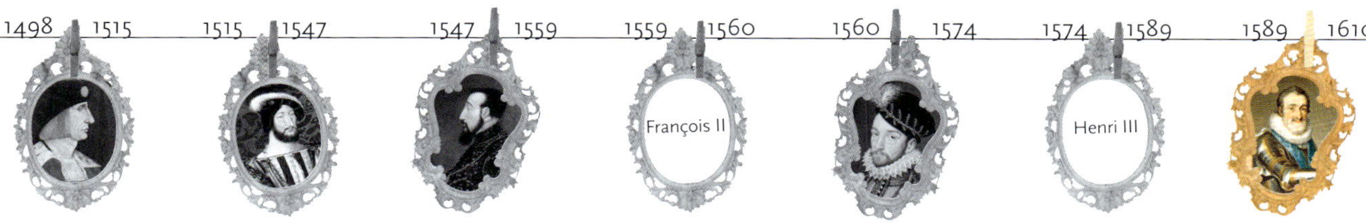

Le "bon roi Henri"

Aidé par d'excellents conseillers comme son ami d'enfance Sully, le roi développe l'agriculture, l'industrie et le commerce, convaincu que « *Labourage et pâturage sont les deux mamelles de la France* ». Proche des paysans, le roi entend bien « *remédier à l'extrême pauvreté du peuple des campagnes, lequel est celui qui nous fait vivre* ». Il diminue leurs impôts et leur rend souvent visite. « *Je voudrais que vous deveniez tous assez riches pour mettre une bonne poule au pot au moins tous les dimanches* ». Il encourage l'agronome Olivier de Serres à inventer de nouvelles méthodes afin d'augmenter les rendements agricoles. Pour faciliter la circulation des marchandises, Henri IV supprime de nombreux péages, fait réparer les routes et en construire de nouvelles, bordées d'ormes de chaque côté (les fameux "ormes de Sully"), afin que les champs des paysans n'empiètent pas sur leur tracé. Le royaume est à nouveau riche et prospère.

LE "VERT GALANT"

Surnommé ainsi à cause de ses nombreuses conquêtes féminines, Henri IV aime les femmes « blondes et aux rondeurs flamandes *». Parmi ses maîtresses, Gabrielle d'Estrées tient une place particulière. Elle est intrigante, calculatrice, impopulaire, mais le roi l'adore. Elle devient sa favorite à partir de 1591, elle assiste au Conseil et se comporte en véritable souveraine. Henri s'apprête même à l'épouser le 10 avril 1599. Mais la nuit précédant les noces, la belle Gabrielle meurt brutalement. Le roi, bouleversé, écrit : «* Mon affliction est aussi incomparable que l'était le sujet qui me la donne... *»*

La reine Margot

Marguerite de France, ou la "reine Margot", septième enfant de Henri II et Catherine de Médicis, est élevée à la cour, se passionne pour la poésie et apprécie les toilettes élégantes. Très belle, elle connaît de nombreux amants dont Henri de Guise, le chef de la Ligue catholique. Son mariage, le 18 août 1572, avec le futur Henri IV n'est évidemment qu'une alliance politique destinée à rapprocher catholiques et protestants. Lorsque son époux s'enfuit après la Saint-Barthélemy, son frère Charles IX la tient recluse au Louvre. En 1577, elle rejoint son mari qui lui témoigne peu d'intérêt. Tout, en effet, les sépare, elle est aussi raffinée et soignée qu'il est naturel et "rustique". En décembre 1599, Henri IV obtient l'annulation de son mariage et Marguerite peut revenir à Paris où elle meurt en 1615.

Le 17 décembre 1600, Henri IV épouse en secondes noces Marie de Médicis qui lui donnera six enfants dont le futur Louis XIII. Le 14 mai 1610, alors qu'il prépare une nouvelle guerre contre l'Espagne, le roi est assassiné – après avoir échappé, tout au long de son existence, à dix-huit attentats – par Ravaillac, un catholique illuminé qui n'accepte pas l'édit de Nantes.

1600
L'art baroque, apparu en Italie, se répand en Europe. Il se caractérise par l'exagération du mouvement et la surcharge décorative. Ses principaux représentants : Rembrandt et Rubens en peinture, et Bernin en architecture.*

3 juillet 1608
Fondation de la ville de Québec. Après plusieurs voyages en Amérique du Nord, avec l'assentiment de Henri IV, l'explorateur et géographe Samuel Champlain (1567-1635) parcourt la région des Grands Lacs et fonde la colonie française du Québec.

Louis XIII le Juste et Anne d'Autriche

Soucieux du bien-être de son peuple, Louis XIII, avec l'aide de son principal ministre Richelieu, fait de la France un État moderne. L'économie du royaume se redresse et l'autorité du roi est affirmée dans tous les domaines. Louis inaugure ainsi le cycle de la monarchie absolue* qui sera surtout incarnée par son fils...

Louis XIII et sa mère

Louis n'a que 9 ans, lorsqu'il monte sur le trône après l'assassinat de son père Henri IV. S'il est sacré à Reims le 17 octobre 1610 et déclaré majeur en 1614, c'est sa mère Marie de Médicis qui assure la régence. Négligé par celle-ci, il est élevé au château de Saint-Germain-en-Laye, où il devient secret, sensible et taciturne.

La reine mère s'entoure de favoris italiens comme Concini et Galigaï qui dilapident, ainsi que les grands seigneurs, les caisses du Trésor royal qu'avaient largement approvisionné Sully et Henri IV. Mais le 24 avril 1617, à l'âge de 16 ans, Louis y met un terme et ordonne l'assassinat de Concini, exile sa mère à Blois et prend réellement le pouvoir. La guerre est déclarée entre le fils et sa mère ! Un homme joue les arbitres : Armand-Jean du Plessis, le duc de Richelieu, aumônier de la reine mère. Rusé et diplomate, il parvient à les réconcilier. En récompense, il devient cardinal en 1622 puis entre au Conseil royal comme principal ministre de Louis XIII en 1624. Ces faveurs ne manquent pas de provoquer la jalousie de Marie de Médicis.

LES MOUSQUETAIRES DU ROI

Le célèbre roman d'Alexandre Dumas, publié pour la première fois en 1844, met en scène les fameux mousquetaires du roi et les gardes de Richelieu. Très populaire, le livre contribue à diffuser une mauvaise image du cardinal même si l'auteur a pris de grandes libertés avec la vérité historique ! Dans l'ouvrage, le roi est naïf et les mousquetaires, alors au service du souverain avant tout, défendent la reine contre l'intrigant Richelieu !

1618
Début de la guerre de Trente Ans. Les pays d'Europe s'opposent au Saint Empire germanique et à l'Espagne des Habsbourgs. D'abord religieux, le conflit devient très vite politique avec pour enjeu la domination de l'Europe.

1635
Entrée de la France dans la guerre de Trente Ans à l'initiative de Richelieu. En 1643, les Français remportent l'éclatante victoire de Rocroi qui marque le début de la suprématie militaire de la France en Europe.

Louis XIII et Richelieu

Intransigeant, le cardinal se montre un excellent administrateur. Pour restaurer la grandeur du roi, Richelieu fait preuve d'une extrême autorité. Il cherche à consolider le pouvoir royal en abaissant la puissance de la noblesse. Pour cela, il n'hésite pas à interdire les duels et à brûler les châteaux des nobles comploteurs. À l'étranger, il tente de réduire la puissance de l'Espagne des Habsbourgs, par la guerre s'il le faut! Mais il se heurte à Marie de Médicis qui se montre favorable à la paix avec l'Espagne. Lors de la fameuse journée des Dupes, le 10 novembre 1630, Marie demande à son fils de choisir entre « *le valet et sa mère* ». Celui-ci choisit... son Premier ministre ! Il fait enfermer sa mère à Compiègne qui s'enfuit à l'étranger sans jamais revoir son fils.

Anne d'Autriche entourée de Louis XIV et de Philippe de France.

Pour empêcher le ravitaillement de La Rochelle par la flotte anglaise, Richelieu fait construire une immense digue. Après la reddition de la ville en 1628, le cardinal réaffirme, avec l'édit d'Alès (1629), la liberté de culte des protestants, mais ceux-ci perdent toutes leurs places fortes.

Louis XIII et son épouse

Le 21 novembre 1615, à 14 ans, Louis XIII épouse, à Bordeaux, Anne d'Autriche, infante d'Espagne. Cette alliance est l'aboutissement de la politique de Marie de Médicis. Les relations sont difficiles entre les deux époux, notamment lorsque la France déclare la guerre à l'Espagne en 1635, dont le roi, Philippe IV, n'est autre que le propre frère de la reine. Richelieu la fait espionner, découvre la correspondance secrète qu'elle entretient avec sa famille (et donc ennemie à la France) et veut la faire disgracier. Heureusement, les relations s'apaisent lorsque, après 23 ans de mariage, la reine donne naissance, le 5 septembre 1638, à Louis-Dieudonné, futur Louis XIV, puis à Philippe (d'Orléans), le 21 septembre 1640.

Le très impopulaire Richelieu meurt le 4 décembre 1642 à l'âge de 57 ans. Louis XIII s'éteint six mois plus tard le 14 mai 1643 à 42 ans.

1635
Richelieu fonde l'Académie française. Sa mission : donner des règles à la langue française, la rendre compréhensible par tous et assurer sa domination sur les autres langues du royaume (breton, occitan, etc.). La première édition du dictionnaire est publiée en 1694.

1636
Le tragédien français Pierre Corneille termine Le Cid. *Les héros de ses pièces, comme dans* Horace, Cinna *ou* Titus et Bérénice, *se trouvent confrontés à des dilemmes si déchirants que l'expression "choix cornélien" est employée encore aujourd'hui !*

Louis XIV, ou l'apogée de la puissance

Plus que ses prédécesseurs, Louis XIV incarne l'apogée de l'absolutisme royal de droit divin. C'est au cours de ses 72 ans de règne que la royauté française atteint sa plus grande renommée. Son œuvre est immense aussi bien sur le plan politique, économique que culturel. La France devient la première puissance militaire, le pays le plus riche et le plus peuplé d'Europe, et connaît un extraordinaire épanouissement des arts et des sciences.

Par ses nombreuses victoires, ses conquêtes territoriales, par l'éclat de ses artistes et de ses écrivains, le règne de Louis XIV est incomparable. Sa devise n'est-elle pas « Nec pluribus impar », « Personne ne peut m'être comparé » ?

Un enfant roi traumatisé par la Fronde

Louis-Dieudonné est âgé d'à peine 5 ans lorsque son père, Louis XIII, meurt. La régence est confiée à sa mère, Anne d'Autriche, assistée du très impopulaire cardinal de Mazarin, ancien collaborateur de Richelieu. En 1648 éclate la Fronde, une terrible guerre civile qui ravage le pays pendant cinq ans. Les aristocrates veulent profiter de la minorité du roi pour reprendre les privilèges qu'ils avaient perdus sous Richelieu. Cette révolte oblige la famille royale à fuir la capitale en pleine nuit et marque pour toujours le jeune souverain. Mazarin parvient pourtant à revenir au pouvoir. Le 7 septembre 1651, le roi est déclaré majeur par le Parlement, puis sacré le 7 juin 1654, à Reims. Mais Louis préfère laisser les affaires politiques au cardinal pour aller parfaire son éducation militaire auprès de Turenne, le maréchal de France, chef des armées. Le jeune roi épouse Marie-Thérèse d'Autriche le 9 juin 1660 à Saint-Jean-de-Luz et renforce ainsi l'alliance franco-espagnole.

Colbert présente à Louis XIV les membres de l'Académie royale des sciences.

1643
Jean-Baptiste Poquelin dit Molière monte "L'Illustre Théâtre" où il se moque de la noblesse et de la bourgeoisie en les caricaturant. Ses principales comédies sont Les Précieuses ridicules, L'Avare, Le Bourgeois gentilhomme *et* Le Malade imaginaire.

1654
Louis Le Vau, qui a grandement participé à l'embellissement de Versailles, devient premier architecte du roi. Génial architecte, il est considéré comme le père du classicisme français en architecture. À partir de 1656, il concevra le magnifique château de Vaux-le-Vicomte.

1589 1610

1610 1643

1643 1715

« L'État, c'est moi »

À la mort de Mazarin en 1661, Louis XIV prend en main le gouvernement de la France. Travailleur, toujours maître de lui, il décide de tout. Il déclare à ses ministres : « *C'est à moi que vous vous adresserez désormais. Je veux à l'avenir gouverner moi-même mon royaume. Je ne veux point de Premier ministre...* » Le roi s'entoure cependant de collaborateurs dévoués comme Colbert, contrôleur général des Finances. Ce "ministre de l'Économie" met de l'ordre dans les finances, crée de nombreuses manufactures royales (les Gobelins, Saint-Gobain), développe le commerce avec l'Amérique et les Indes, et dote la France de la première marine de guerre mondiale.

Roi guerrier, Louis XIV modernise, avec l'aide de Louvois, ministre de la Guerre, l'armée qui devient l'une des plus nombreuses (450 000 soldats) et des mieux organisées d'Europe. Brillants généraux, Turenne et Condé remportent de multiples victoires. Toutes ces guerres agrandissent le royaume français qui acquiert l'Alsace, le Roussillon, l'Artois, la Flandre et la Franche-Comté. Le roi charge également l'ingénieur Vauban de fortifier les frontières et de bâtir une véritable "ceinture de fer".

Territoires conquis de 1552 à 1798

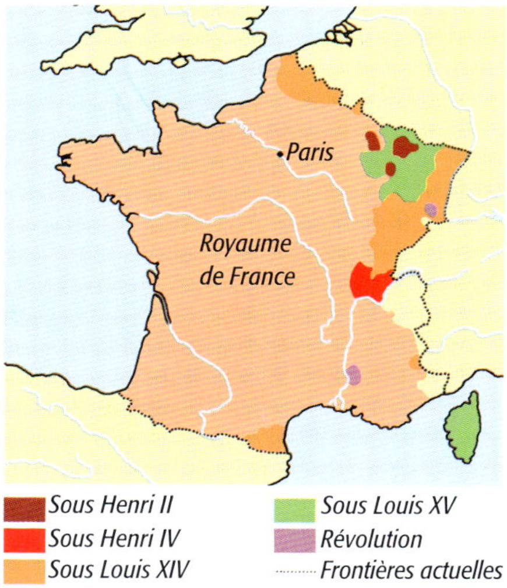

La reine et les favorites du roi

Louis XIV aime les femmes et on lui connaît une douzaine de maîtresses officielles : Marie de Mancini (nièce de Mazarin), Mlle de La Vallière (avec qui il a quatre enfants), la marquise de Montespan, avec laquelle le roi entretient une liaison 17 ans durant et qui lui donnera sept enfants. Pour montrer son mécontentement, le mari jaloux prend l'habitude de paraître à la cour en tenue de deuil ! Enfin, le roi s'éprend de Mme de Maintenon (*ci-contre*) qu'il épouse en secret après la mort de la reine, en 1683. Très catholique, elle est favorable à la conversion forcée des protestants. Sous son influence, le roi finit par révoquer l'édit de Nantes (*voir p. 56*) en 1685 qui contraint 200 000 personnes à l'exil et provoque la révolte des "camisards" dans les Cévennes. C'est l'absolutisme religieux. Le peuple ne doit avoir qu'« *un roi, une loi, une foi* ».

Une succession difficile

Sur son lit de mort, Louis XIV déclare au futur Louis XV : « *Je m'en vais mais l'État demeurera toujours.* » Le souverain, atteint d'une gangrène à la jambe, s'éteint en septembre 1715, non sans détenir le record de la monarchie la plus longue de France et d'Europe. Des problèmes de succession assombrissent la fin de son règne. Son fils, le Grand Dauphin, meurt de la variole à 49 ans, en 1711. L'année suivante, le petit-fils de Louis XIV, le duc de Bourgogne, devenu dauphin, meurt à son tour ainsi que l'un de ses fils d'une épidémie de rougeole. Un seul des enfants du dauphin survit, le futur Louis XV, l'arrière-petit-fils de Louis XIV...

1662
Jean de La Fontaine écrit L'Ode au Roi. *Il rédige ses* Contes et nouvelles en vers *en 1665-1666. Entré à l'Académie française, il compose ses célèbres* Fables *entre 1689 et 1693.*

1681
Le compositeur d'origine italienne Jean-Baptiste Lully est nommé secrétaire du roi. Arrivé en France en 1643, il devient le premier compositeur de cour et surintendant de la musique royale. Il compose des tragédies lyriques comme Persée *et* Proserpine.

La cour à Versailles

Symbole de l'apogée de la royauté française, le château de Versailles est la résidence des rois de Louis XIV à Louis XVI. Le Roi-Soleil a fait d'un simple rendez-vous de chasse l'un des plus beaux palais jamais construits en France.

C'est en 1661 que le Roi-Soleil ordonne l'extension du premier domaine acheté par son père. Les architectes Le Vau puis Mansart réalisent un véritable chef-d'œuvre. Le château s'étend sur 67 000 m² et compte 700 pièces. Les travaux durent 31 ans et occupent 30 000 ouvriers. Là, tout est disposé pour célébrer la gloire et flatter l'orgueil du Roi-Soleil.

La célèbre **galerie des Glaces**, terminée en 1684 et destinée à éblouir les visiteurs, mesure 73 m de long, 10,50 m de large et est revêtue de 357 miroirs.

Les jardins sont réalisés sur 93 hectares par André Le Nôtre. Ils sont dits "à la française" selon un plan géométrique où s'ordonnent allées, alignements d'arbres, parterres et bassins.

24 septembre 1688

Début de la guerre de la ligue d'Augsbourg qui oppose la France à une coalition composée de l'Angleterre, des Provinces-Unies et de la Suède. Ce conflit de 9 ans met aux prises les Bourbons et les Habsbourgs pour le contrôle de l'Espagne.

1690

Le physicien et mathématicien Denis Papin met au point la première machine à vapeur. Il pressent bien tous les prolongements possibles de son invention qui seront concrétisés plus tard. Il conçoit aussi un bateau à roues à aubes et même un sous-marin !

En 1682, Louis XIV décide de fixer sa résidence à Versailles. Traumatisé par la Fronde et pour éviter de nouvelles révoltes de nobles, le roi tient à les domestiquer et les attire à la cour dans une "cage dorée". Près de 3 000 aristocrates habitent dans le château et tous rêvent de servir Louis XIV (*voir DVD, chap. 4*). La journée du souverain est réglée dans ses moindres détails selon un cérémonial fixé par "l'étiquette" où tout est très hiérarchisé (*voir DVD, chap. 2*). Chaque fonction est un honneur que l'on se dispute.

Le roi vit en public tout le temps ! Il ne dort jamais seul : le premier valet, qui passe la nuit au pied de son lit, le réveille chaque matin en disant « *Sire, voici l'heure.* » Puis le médecin chargé d'examiner le roi fait son entrée. Le souverain reçoit ensuite ses premiers visiteurs tout en s'installant sur sa "chaise d'affaires", un siège percé (son pot de chambre) sur lequel il se soulage ! Il est ainsi constamment en représentation jusqu'à son coucher, vers 23 h. Cette "étiquette" participe au culte monarchique* et permet au roi de manifester sa satisfaction ou son mécontentement vis-à-vis des courtisans. Il n'ignore rien de ce qui se dit et se fait autour de lui : « *Tout homme qui est mal informé ne peut que mal raisonner.* »

L'HYGIÈNE À VERSAILLES

*Malgré la mauvaise réputation de l'eau, que l'on soupçonne de propager des maladies, le roi se lave presque tous les jours, le plus souvent l'après-midi, après la chasse. Louis XIV installe en 1675, au premier étage du château, un appartement de bain équipé de deux baignoires de cuivre. Quant aux courtisans, ils ne bénéficient d'aucune commodité (*voir DVD, chap. 7*). Hommes et femmes se soulagent donc sous un escalier ou au fond d'un corridor. Aussi les odeurs nauséabondes envahissent-elles le château. Pour les masquer, des valets diffusent des parfums de patchouli ou de civette.*

1700
L'Europe compte 114 millions d'habitants dont 22,5 millions de Français, 5 millions d'Anglais, 7 millions d'Espagnols, 13 millions d'Italiens. En France, 22 villes dépassent 50 000 habitants et Paris atteint le chiffre impressionnant de 500 000 habitants !

mai 1701
Début de la guerre de Succession d'Espagne. Ce conflit oppose la France et l'Espagne à une nouvelle coalition européenne. Louis XIV mène sa dernière guerre qui lui permet d'installer définitivement son petit-fils, Philippe V, en Espagne en 1714.

Louis XV, le Bien-Aimé ou le "détesté"

Intelligent, généreux, mais faible de caractère, Louis XV ne sait pas prendre en compte les nouvelles attentes des Français. Très populaire au début de son règne, ses infidélités à la reine, son indécision politique et un certain désintérêt pour les affaires du royaume ternissent son image aux yeux du peuple.

Louis XV donne des lettres de noblesse aux membres du conseil de Paris, en 1716.

Une nouvelle régence

Lorsque Louis XIV meurt en 1715, son dernier descendant direct est son arrière-petit-fils, le duc d'Anjou qui prend le nom de Louis XV. Le roi est âgé de 5 ans et la régence est assurée, pendant 8 ans, par le duc Philippe d'Orléans, neveu de Louis XIV. Pour garantir l'avenir de la dynastie, celui-ci fiance le jeune Louis avec l'infante d'Espagne, âgée de... 3 ans ! Le 25 octobre 1722, le sacre de Louis XV à Reims met fin à la régence. Bien qu'en âge de gouverner, le roi préfère laisser le cardinal de Fleury, son ancien précepteur, diriger la France.

Entre 1726 et 1743, c'est une période de paix et de prospérité. Le Premier ministre parvient à équilibrer le budget de l'État et favorise l'expansion économique du royaume. Afin de développer le commerce, les voies de communication sont considérablement étendues. La France se dote du réseau routier le plus moderne et le plus important d'Europe.

En politique extérieure, Fleury recherche la paix : il réconcilie la France et l'Espagne et sollicite une alliance avec l'Angleterre. Ce Premier ministre infatigable s'éteint en 1743 à l'âge de 90 ans.

UN RÉGICIDE SÉVÈREMENT PUNI

Le 5 janvier 1757, Louis XV est victime d'une tentative d'assassinat. Le déséquilibré Damiens s'introduit à Versailles et tente de poignarder le roi avec un petit couteau. Aussitôt arrêté, il est jugé pour régicide et condamné à une peine atroce. Sa main, qui a tenu le couteau, est brûlée avec du soufre, ses membres sont entaillés, puis le bourreau coule du plomb fondu dans les plaies ; enfin, son corps est écartelé par quatre chevaux.*

1716
Le 2 mai, l'économiste écossais John Law fonde la Banque générale pour démontrer le bien-fondé de son système basé sur le crédit. Contrôleur général des Finances en France en 1720, il introduit le billet de banque comme monnaie d'échange.

1734
Voltaire traduit les Lettres anglaises *en* Lettres philosophiques. *Considéré comme le manifeste des "Lumières", le livre est interdit. On désigne par "Lumières" un mouvement philosophique luttant contre l'intolérance et le fanatisme religieux.*

Un roi sous influence : Mme de Pompadour

Le 5 septembre 1725, Louis XV s'unit à Marie Leszczynska, fille du roi de Pologne, après que sa première union a été annulée en raison de la trop grande jeunesse de la petite infante ! Le roi est bien accepté par son peuple qui le surnomme bientôt le Bien-Aimé. Tous les témoins célèbrent la beauté et la force du jeune souverain. Ils admirent « *sa taille avantageuse et noble* » et sa « *santé robuste* ». Père de dix enfants à 33 ans, il se lasse peu à peu de son épouse. Or le monarque aime terriblement les femmes... En 1744, gravement malade et se croyant perdu, il rédige une confession publique dans laquelle il avoue ses infidélités. Il apparaît alors au peuple comme un être faible et immoral et sa gloire se fane. Pourtant, un an après, Louis rencontre, lors d'un bal masqué, Mme de Pompadour dont il tombe éperdument amoureux. La nouvelle maîtresse du roi n'est pas d'origine noble mais sa beauté est renommée. Elle influence le roi en politique et joue un rôle indéniable dans l'épanouissement artistique français. Véritable mécène, elle encourage Diderot à écrire son *Encyclopédie* et fait travailler de nombreux artistes. Après 1750, lorsque le roi la délaisse pour d'autres amours éphémères, elle reste néanmoins son amie et la favorite en titre.

La marquise de Pompadour, l'une des plus belles femmes de Paris.

Une fin de règne désastreuse

En 1740, Louis XV s'engage dans la guerre de Succession d'Autriche qui oppose la France et la Prusse à l'Angleterre, l'Autriche et la Hollande. Les Français remportent la grande victoire de Fontenoy, le 11 mai 1745. Au soir de cette journée, le roi emmène son fils sur le champ de bataille. Au milieu des cadavres, il lui dit : « *Voyez ce que coûte une victoire ! Le sang de nos ennemis reste le sang des hommes, la vraie gloire est de l'épargner.* » Au traité d'Aix-la-Chapelle en 1748, Louis, peu avide de conquêtes, abandonne tous les territoires envahis. Cette décision est mal comprise par le peuple qui méprise davantage le roi. Sans Premier ministre, Louis se montre de plus en plus incapable, et de nombreuses réformes, pourtant nécessaires, ne voient pas le jour. Le 10 mai 1774, Louis XV meurt seul et si détesté par son peuple que l'on doit l'enterrer en pleine nuit pour éviter toute manifestation populaire !

Après la bataille de Fontenoy, le maréchal de Saxe présente à Louis XV les prisonniers et les drapeaux.

1740
Jean-Sébastien Bach compose le second livre du Clavier bien tempéré, *puis en 1742,* Les Variations Goldberg. *Ce musicien allemand de l'époque baroque* exercera une influence majeure dans le développement de la musique occidentale.*

Entre 1740 et 1760
Le "commerce triangulaire" connaît sa plus grande activité. Des navires occidentaux se rendent sur les côtes africaines, se chargent d'esclaves puis rejoignent l'Amérique. Là, ils échangent leur cargaison de "bois d'ébène" contre des produits coloniaux (sucre, cacao, tabac).

Les plaisirs du roi

À partir du règne de Louis XIV, la monarchie* se met elle-même en scène. Elle se donne en représentation en respectant un cérémonial précis. Il s'agit toujours de montrer la puissance et le pouvoir du roi. Ainsi, même ses plaisirs et ses loisirs sont codifiés, réglés comme un véritable spectacle. Un commissaire des menus plaisirs du roi est chargé d'organiser tous ses divertissements.

DVD

Le roi chasse

La chasse est le loisir royal par excellence. Les précepteurs des princes la considèrent comme la meilleure préparation à la guerre et « *elle dispose les hommes aux fatigues de la guerre dont elle est une petite image* ». Louis XIV chasse au moins trois fois par semaine, préférant la chasse à courre plutôt que celle au "vol" ou au faucon (*voir DVD, chap. 6*). Pour l'unique plaisir du roi, des réserves de chasse sont créées à Saint-Germain-en-Laye, Fontainebleau… Le 3 novembre 1724, Louis XV organise une immense battue à laquelle participent plus de 900 chiens et près d'un millier de chevaux !

Le roi mange

Depuis le Moyen Âge, le repas public est une marque de pouvoir. Si Louis XIV prend son déjeuner entouré de ses proches au "Petit Couvert", vers 13 h, il s'astreint quotidiennement à l'usage du "Grand Couvert" en présence de plusieurs dizaines et parfois centaines de courtisans (*voir DVD, chap. 2*). Le souper au "Grand Couvert" se tient vers 22 h dans l'antichambre du roi. Le fauteuil royal est placé dos à la cheminée alors que les pliants des convives sont disposés aux bas côtés de la table. Les mets sont très nombreux et apportés en vagues successives, les "services". Après des potages et des entrées, composées de pigeons et poulets aux truffes, on sert au roi le service des rôts avec des chapons gras, des poulets, des perdrix et tourtes. Le repas se termine par des fruits, de la confiture et des compotes. La maison du roi occupe 500 personnes pour les cuisines et le service.

1763
Fin de la désastreuse guerre de Sept Ans. La France perd presque toutes ses colonies : le Canada est cédé aux Anglais et la Louisiane à l'Espagne. Elle ne conserve que Saint-Domingue, la Martinique et la Guadeloupe.

4 juillet 1776
Les treize colonies britanniques d'Amérique du Nord font sécession du Royaume-Uni. Elles votent la Déclaration d'indépendance des États-Unis d'Amérique, texte très influencé par les idées des Lumières. Le 4 Juillet est depuis lors la fête nationale américaine.

Le roi danse

C'est avec Louis XIV que la mode du ballet à la cour royale atteint son apogée (*voir DVD, chap. 3*). Le jeune roi, très doué pour les arts, est lui-même un excellent danseur. Il dévoile son talent en 1653, pour la première fois, dans le *Ballet royal de la nuit* du compositeur Lully. Pour fêter le grand carnaval, il apparaît déguisé en soleil levant !
Cette passion française déborde sur toute l'Europe avec des professeurs de danse que tout le monde s'arrache. Car la danse au XVIIe siècle est un signe de bonne éducation : on doit apprendre à bouger avec grâce et agilité, et ce même dans les collèges religieux des jésuites ! « *Dans la danse, vous apparaissez tel que vous êtes.* »

Le roi s'amuse

À Versailles, de somptueuses fêtes sont données au cours desquelles tous les arts se combinent : danse, comédie, décoration, mise en scène et musique. « *Pour le bon plaisir du roi, rien n'est impossible.* » En 1664, à la demande de Louis XIV, l'Italien Vigarani organise un gigantesque divertissement qui dure… huit jours ! Plus de 600 invités assistent à des parades, des joutes équestres, des pièces de théâtre avec musique, ballets et feu d'artifice. Un grand défilé ouvre la fête où le roi monté sur un magnifique cheval porte une cuirasse de lames d'argent couvertes d'or et de diamants. "Le grand divertissement royal", organisé le 18 juillet 1668 pour célébrer la paix d'Aix-la-Chapelle, est encore plus grandiose. Lors de cette unique soirée, la cour suit un parcours qui la mène du château jusqu'aux jardins où se succèdent une collation, une comédie – *George Dandin* de Molière –, un festin, un bal puis enfin un feu d'artifice !

Le roi va au spectacle

Jean-Baptiste Poquelin, ou Molière, est auteur, comédien, mais aussi l'organisateur, avec Lully, des fêtes royales. Grâce au soutien financier du roi, l'artiste réalise ses rêves de mêler musique, chant, danse et théâtre. *Le Bourgeois gentilhomme*, représenté au château de Chambord en 1670, est une comédie-ballet qui réunit acteurs, chanteurs et danseurs. Cette représentation s'inscrit dans la même veine que *Tartuffe* et *L'Avare*, comédies consacrées aux gens des villes. *Le Bourgeois gentilhomme* narre l'histoire de M. Jourdain, marchand drapier qui se ridiculise à force de chercher à imiter les nobles. Le spectacle plaît beaucoup au roi et à la cour, et Louis XIV commandera de nouvelles pièces à Molière (*voir DVD, chap. 3 et 6*).

3 septembre 1783

Après une guerre de près de 9 ans, le Royaume-Uni reconnaît l'indépendance des États-Unis par le traité de Paris. À cette guerre d'Indépendance ont participé des Français comme La Fayette qui a embrassé très rapidement la cause américaine.

4 mai 1789

Ouverture des États généraux convoqués par Louis XVI en raison de la situation économique désastreuse du pays. Les 291 députés du clergé, 270 de la noblesse et 578 du tiers état se réunissent pour assister le roi et faire connaître leurs doléances.

Un roi et une reine sur l'échafaud

Dernier roi de la monarchie absolue*, Louis XVI ne possède pas les qualités d'homme d'État qui lui permettraient de faire face au grand bouleversement révolutionnaire de 1789. Ses hésitations constantes comme ses concessions de dernière minute ne font qu'envenimer chaque situation et le conduisent bientôt à l'échafaud.

Un roi généreux mais incapable

Orphelin à l'âge de 13 ans, Louis est un prince érudit, passionné par les sciences, la géographie et animé d'un désir constant de bien faire. Mais les affaires politiques ne l'intéressent pas, il n'a de goût que pour la chasse et la serrurerie. Le 16 mai 1770, afin de renforcer l'alliance de la France et de l'Autriche, il épouse l'archiduchesse Marie-Antoinette, âgée de 14 ans, fille cadette de l'impératrice Marie-Thérèse. Devenu roi en 1774 à la suite du décès de son grand-père Louis XV, il s'entoure d'excellents ministres, comme Turgot ou Necker, prêts à entreprendre les réformes réclamées par les Français.

Car un vent de fronde sévit sur le royaume : les nobles s'opposent à la volonté de changement des ministres, les bourgeois protestent contre les privilèges des seigneurs et du clergé, le peuple réclame plus de liberté et d'égalité... Les caisses de l'État se vident encore davantage lorsque la France soutient les insurgés américains contre l'Angleterre (*voir p. 66-67*). Mais le roi recule chaque fois devant les "privilégiés" et Marie-Antoinette, opposés aux réformes, et qui exigent le renvoi des ministres sans que ces derniers aient le temps d'entreprendre quoi que ce soit.

La beauté de Marie-Antoinette séduit tout d'abord les Français. Mais elle se rend vite impopulaire par son amour des bals et des tenues somptueuses.

LA BOULANGÈRE ET LE PETIT MITRON

Au début de la Révolution, le 5 octobre 1789, alors que le peuple manque de pain, des femmes parisiennes marchent sur Versailles pour réclamer à manger. La reine aurait dit : « Ils n'ont plus de pain ? Qu'ils mangent de la brioche ! » *Les manifestantes surnomment alors ainsi la famille royale ; le boulanger (le roi), la boulangère (la reine) et le petit mitron (le dauphin).*

4 Août 1789
L'Assemblée constituante vote l'abolition des privilèges. Les Français demandent que de meilleurs emplois soient donnés à ceux qui le méritent le plus. Ils veulent aussi que les droits féodaux soient abolis dans les campagnes. C'est la disparition de l'Ancien Régime.*

3 septembre 1791
Les députés de l'Assemblée adoptent une Constitution par laquelle la souveraineté du roi est transférée à la nation. Ainsi est instituée en France une monarchie constitutionnelle à l'image de celle qui existe alors en Angleterre.

Dans la tourmente révolutionnaire

Un mois après la convocation des États généraux (*voir p. 67*), le 17 juin 1789, le tiers état se proclame Assemblée nationale. Louis XVI commet la maladresse de renvoyer Necker. La foule, furieuse, s'empare de la forteresse-prison de la Bastille le 14 juillet 1789. C'est le symbole de la victoire du peuple sur le pouvoir royal.

Le roi hésite encore : le 14 juillet 1790, il jure fidélité à ce nouveau régime. Or, le 20 juin 1791, il quitte secrètement la capitale pour se réfugier à l'étranger. Lui et sa famille sont arrêtés le lendemain à Varenne. Pour de nombreux Français, c'est une trahison ! En fuyant, Louis XVI a montré son opposition à la Révolution. Certains révolutionnaires appellent au renversement de la monarchie. Le 10 août 1792, ils s'emparent du château des Tuileries où la famille royale réside. L'Assemblée ordonne alors la suspension du roi. Deux jours plus tard, elle décide de l'enfermer avec sa famille dans la prison du Temple. La monarchie est renversée. La République est proclamée le 21 septembre 1792. Le 20 janvier 1793, le roi est jugé par l'Assemblée et condamné à une faible majorité « *pour conspiration contre la liberté de la Nation et d'attentat contre la sûreté générale de l'État* » à la peine capitale.

Louis XVI a été le seul roi de France à être exécuté. En le condamnant, les députés de la Convention veulent empêcher toute restauration de la royauté et frapper l'opinion internationale.

Une exécution royale

Le 21 janvier au matin, Louis XVI, accompagné de son confesseur, arrive place de la Révolution (actuelle place de la Concorde), au milieu d'une foule immense, encadrée par des milliers de soldats. Puis il monte sur l'échafaud dans un silence absolu et s'écrie : « *Peuple, je meurs innocent de tous les crimes qu'on m'impute. Je pardonne aux auteurs de ma mort et je prie Dieu que le sang que vous allez répandre ne retombe jamais sur la France.* » Pour couvrir le son de sa voix, le commandant de la Garde nationale fait battre les tambours. Louis s'approche de son bourreau, Sanson, et pose la tête sur le billot. À 10 h 22, le couperet tombe. Lorsque Sanson brandit la tête de l'ancien roi, la foule se déchaîne en criant « *Vive la Liberté, Vive la Nation !* »

Marie-Antoinette, très digne, est condamnée pour trahison et sera exécutée le 16 octobre 1793. Leur fils Louis XVII meurt de tuberculose à la prison du Temple en 1794, à l'âge de 10 ans.

10 août 1792
Les révolutionnaires se lancent à l'assaut des Tuileries, résidence du roi, défendues par des gardes suisses. La famille royale se réfugie à l'Assemblée. Le roi demande aux Suisses de déposer les armes ; ils sont encerclés, puis massacrés par la foule.

27 juillet 1793
À la tête du Comité de salut public, Robespierre dirige la France. Le 5 septembre, il met la "Terreur" à l'ordre du jour. Tous les opposants et les nobles sont jugés et exécutés. Ce régime fait plus de 17 000 victimes en une seule année.

Napoléon Ier, empereur des Français

En un peu plus de 15 ans de pouvoir, Napoléon transforme la France en une société moderne, héritière des idées de la Révolution. Stratège hors du commun et fin politique, il étend la domination française à travers toute l'Europe continentale et fonde "le Grand Empire".

Une ascension fulgurante

Né le 15 août 1769 à Ajaccio, en Corse, Napoléon Bonaparte quitte sa famille à 9 ans pour suivre des études d'officier d'artillerie dans les écoles militaires royales. Véritable génie militaire et excellent tacticien, il est nommé général à 24 ans. Commandant en chef de l'armée d'Italie en 1796, il se couvre de gloire : en douze batailles, il remporte douze victoires ! Après la campagne victorieuse d'Égypte, il s'empare du pouvoir par le coup d'État du 18 brumaire an VIII (9 novembre 1799). Dès lors, il dirige la France comme Premier consul de la République de 1799 à 1804, puis comme empereur. Il est sacré par le pape Pie VII le 2 décembre 1804 dans la cathédrale Notre-Dame de Paris au cours d'une cérémonie fastueuse.

Napoléon se sacre lui-même en prenant la couronne des mains du pape et en la posant sur sa tête. Il montre ainsi qu'il n'a pas besoin de l'Église pour devenir empereur. Il couronne par la suite Joséphine agenouillée devant lui.

2 mars 1796
Le général Bonaparte est nommé à la tête de l'armée d'Italie. Mal nourris et mal vêtus, les soldats d'Italie battent les Autrichiens au Piémont. Les victoires de Montenotte, Mondovi, Lodi, Millesimo et Rivoli assurent la gloire du futur empereur.

21 mars 1804
Promulgation du Code civil qui organise les rapports privés entre les personnes : texte de 2 281 articles dont certains principes sont toujours en vigueur aujourd'hui. La base de la société est la famille et la propriété privée.

Le bâtisseur de la France moderne

Très rapidement, Napoléon rétablit la paix civile en France et lui donne des institutions nouvelles. L'administration est réorganisée et des préfets appliquent les ordres du Premier consul dans chaque département. Bonaparte fonde les bases d'une société où tous les hommes sont égaux devant la loi. Rédigé sous la direction de Cambacérès, le Code civil, qui rassemble les lois françaises, est promulgué en 1804. Napoléon crée également la Banque de France, les lycées et l'université pour former les futurs dirigeants du pays. Il ordonne en outre la construction de nombreuses routes et de canaux, des ponts des Arts, d'Iéna et d'Austerlitz à Paris et l'édification de l'arc de triomphe de l'Étoile.

Napoléon crée l'Ordre national de la Légion d'honneur pour récompenser les hommes méritants, civils et militaires. Ici, la première distribution de décorations à Boulogne, le 14 juillet 1804.

Le maître de l'Europe

Napoléon parvient à battre toutes les grandes puissances européennes, ennemies de la Révolution, au cours de batailles mémorables : la Russie à Austerlitz en 1805, la Prusse à Iéna en 1806, l'Autriche à Wagram en 1809... Il conquiert et gouverne la majeure partie de l'Europe continentale et place les membres de sa famille sur les trônes de plusieurs royaumes européens : son beau-frère Murat à Naples, ses frères Louis en Hollande, Jérôme en Westphalie, et Joseph en Espagne.

L'Empire français atteint son extension maximale en 1811 avec 130 départements. Il couvre 800 000 km² et compte 44 millions d'habitants. Napoléon rêve de fonder une nouvelle Europe : « *Il me faut un code européen... les mêmes lois, il faut que je fasse de tous ces peuples d'Europe un même peuple et de Paris la capitale du monde...* »

La débâcle

Après la désastreuse campagne de Russie en 1812, vaincu par tous ses ennemis en 1814, l'empereur est contraint d'abdiquer et d'abandonner son trône. La monarchie* est rétablie et Louis XVIII, frère de Louis XVI, mène la première Restauration (*voir p. 72*). Mais Napoléon réussit à s'évader de l'île d'Elbe (Italie) où il était retenu prisonnier et reconquiert le pouvoir durant "Cent jours" sans verser une goutte de sang. La guerre reprend contre tous ses ennemis réunis par l'Angleterre, mais Napoléon est définitivement battu par les Anglais à Waterloo (Belgique) en 1815. Il est alors emprisonné à Sainte-Hélène, petite île perdue au milieu de l'océan Atlantique, où il meurt abandonné de tous le 5 mai 1821. Sur son rocher d'exil, il peut confier à ses proches : « *Quel roman que ma vie !* »

Le général Rapp présente à Napoléon les drapeaux pris à l'ennemi le 2 décembre 1805 lors de la bataille d'Austerlitz.

21 novembre 1806
Napoléon décrète à Berlin le Blocus continental pour ruiner l'Angleterre en lui interdisant tout commerce. Pour faire respecter cette mesure, l'empereur engage son armée dans la campagne d'Espagne en 1808 qui se révèle être un véritable guêpier.

22 juin 1815
Rentré à Paris le 20 juin après avoir été battu à Waterloo, Napoléon abdique pour la deuxième fois. Le gouvernement provisoire rappelle au pouvoir Louis XVIII. Les royalistes déclenchent alors la "Terreur blanche" en poursuivant et massacrant les bonapartistes.

Les rois de la Restauration

En 1815, la monarchie* est rétablie, trois rois tentent de réconcilier la France de la Révolution et de l'Empire et celle de l'Ancien Régime*… sans grand succès ! L'absolutisme* est révolu ; il s'agit maintenant d'une monarchie constitutionnelle qui doit tenir compte du suffrage populaire.

Louis XVIII, intelligent mais égoïste

Né le 17 novembre 1755 à Versailles, Louis XVIII, frère cadet de Louis XVI et petit-fils de Louis XV, fuit la Révolution dès 1789 et passe plus de vingt ans en exil, à Bruxelles et à Coblence (Allemagne). Après l'abdication de Napoléon, il est porté au pouvoir par les puissances étrangères et les ultra-royalistes français en 1814. D'un caractère indécis et craintif, Louis XVIII tente de concilier les héritages de la Révolution et les traditions de l'Ancien Régime.
En 1814, il promulgue la Charte constitutionnelle qui garantit l'abolition des droits féodaux, la liberté de religion, l'égalité devant la loi et la création de deux assemblées (députés et sénateurs). Le pouvoir du roi n'est donc plus absolu, puisqu'il doit gouverner avec les deux assemblées. Il remplace toutefois le drapeau tricolore de la Révolution par le drapeau blanc, symbole de la monarchie.
Plein d'esprit, il se baptise lui-même le "roi-fauteuil" – tant il est gros – ou déclare que « *L'exactitude est la politesse des rois* ». Autour de lui, les ultra-royalistes veulent revenir à l'Ancien Régime : ils pourchassent les bonapartistes et font régner la Terreur blanche. Malade, impotent, le monarque meurt à Paris à 69 ans, le 16 septembre 1824. C'est le dernier roi mort sur le trône, les deux suivants seront chassés par les révolutions.

Charles X, frivole et craintif

Frère de Louis XVI et de Louis XVIII, le comte d'Artois, né en 1757, émigre lui aussi dès juillet 1789 et parcourt l'Europe pour lutter contre la Révolution. L'homme est lâche pourtant car, lors de la tentative de débarquement royaliste à Quiberon en Bretagne (guerre de Vendée, 1795), il s'enfuit en plein combat, laissant ses hommes se faire tuer. Lorsque son frère Louis XVIII revient au pouvoir en 1815, il se tient éloigné des affaires politiques et passe son temps à la chasse. Quand il lui succède en 1824, il défend les idées des royalistes extrémistes, les ultras. Nettement plus autoritaire que son aîné, Charles X n'hésite pas à renouer avec la tradition du sacre, à limiter les libertés publiques (censure de la presse) et à restreindre de plus en plus le droit de vote aux classes aisées. Il est vivement contesté par les républicains et même par les royalistes plus modérés. Ces décisions entraînent le peuple de Paris à se soulever les 27, 28 et 29 juillet 1830, lors des fameuses "Trois Glorieuses", forçant le roi, le dernier des Bourbons, à abdiquer. Après six nouvelles années d'exil, il meurt du choléra à Goritz, en Autriche.

Représentation de trois souverains fuyant la fureur de la foule : Louis XVI en 1791, Napoléon Ier en 1814 et Charles X en 1830 !

1828
Ouverture de la première ligne de chemin de fer entre Saint-Étienne et Andrezieux (18 km). L'usage de la vapeur se généralise et les trains transportent hommes et marchandises. En 1837, une ligne relie Paris et Saint-Germain-en-Laye.

14 juin 1830
Les troupes françaises débarquent à 25 km d'Alger qui est prise le 5 juillet. C'est le début de la conquête de l'Algérie marquée par la résistance du chef de guerre Abd El Kader. La campagne militaire française durera jusqu'en 1857

1799 1815 · 1814 1824 · 1824 1830 · 1830 1848 · 1851 1870

Louis-Philippe, "roi des Barricades"

Louis-Philippe, duc d'Orléans, est le cousin des rois précédents. Né en 1773, il est élevé dans les idées du siècle des Lumières, et est favorable à la Révolution quand celle-ci éclate. Officier, il se distingue lors des batailles de Valmy et de Jemmapes en 1792, ce qui lui vaut la haine des nobles. Mais, effrayé par les excès de la Terreur, il passe dans les rangs ennemis. Réfugié en Suisse, puis en Angleterre en 1800, et enfin en Sicile, il épouse Marie-Amélie de Bourbon. En 1817, il revient enfin en France tout en s'opposant à Louis XVIII dans les rangs des libéraux.

Après la révolution des "Trois Glorieuses", les députés républicains portent Louis-Philippe d'Orléans au pouvoir, ce qui lui vaut son surnom de "roi des Barricades". La monarchie de Juillet succède à la Restauration, Louis-Philippe prend le titre de roi des Français (et non de France), restaure le drapeau tricolore et négocie avec les Anglais le retour du corps de Napoléon à Paris. Mais il réprime durement les révoltes (*voir frise ci-dessous*), interdit les associations et les journaux républicains. Impopulaire, il doit faire face à sept tentatives d'assassinat.

La crise politique et économique de 1848 déclenche une nouvelle révolution qui contraint le roi à abdiquer le 24 février. Le dernier roi de France, issu des grandes et anciennes lignées princières, se réfugie en Angleterre où il meurt le 26 août 1850.

La IIe République est proclamée.

La métamorphose du visage de Louis-Philippe en poire tend à souligner la bêtise du souverain !

21 novembre 1831

Première révolte ouvrière à Lyon des "Canuts", ouvriers de la soie, contre les fabricants. Les émeutes sont réprimées dans le sang. Cette révolte fait apparaître le fossé de plus en plus profond qui sépare les pauvres et une classe bourgeoise toujours plus riche.

27 avril 1848

Décret d'abolition de l'esclavage adopté par le gouvernement de la IIe République. Victor Schœlcher, sous-secrétaire d'État à la Marine et aux Colonies, voit aboutir ainsi la lutte de toute sa vie.

Napoléon III et l'impératrice Eugénie

Comme son illustre parent, Napoléon III parvient au pouvoir en 1851 par un coup d'État organisé un 2 décembre – tout un symbole ! Souvent décrié, son règne est pourtant marqué par un extraordinaire développement économique. Rarement en effet, au cours de son histoire, la France a connu une telle prospérité.

Une jeunesse agitée

Après la mort du fils de Napoléon Bonaparte, le roi de Rome, en 1832, Charles-Louis-Napoléon, neveu de Napoléon Ier, estime être le chef de la dynastie. Comme tous les Bonaparte, il vit en exil depuis 1816. Par deux fois, il revient en France et tente de renverser le roi Louis-Philippe. Si ce sont des échecs cuisants, ils font cependant connaître le prince aux Français. Au second coup d'État en 1840, Napoléon est arrêté et condamné à la prison à perpétuité. En 1846, il parvient à s'échapper du fort de Ham et se réfugie en Angleterre. Lors de la révolution de 1848, il revient en France et, soutenu par les républicains, il est élu député à l'Assemblée constituante. Contre toute attente, il réussit à être élu premier président de la République au suffrage universel* le 10 décembre 1848.

Mais l'agitation populaire ne cesse pas. Les Français réclament l'ordre et la tranquillité. Son nom lui vaut le soutien de l'armée, ce qui lui permet le coup d'État du 2 décembre 1851, approuvé par un plébiscite* du peuple. Un an plus tard, jour pour jour, il rétablit l'Empire et prend le nom de Napoléon III.

Le 30 janvier 1853, Napoléon III épouse la magnifique comtesse Eugénie de Montijo. L'impératrice, entourée de ses dames d'honneur, aime la fête et organise une somptueuse vie de cour aux Tuileries, à Fontainebleau et à Compiègne.

1851
L'écrivain et ancien député de la République de 1848, Victor Hugo, s'exile après la prise de pouvoir par Napoléon III. Opposé au régime impérial, l'auteur s'installe sur l'île de Guernesey, où il écrit Les Misérables *(1862). Il rentre en France après 1870.*

mai 1859
Campagne d'Italie. Les Français soutiennent les Italiens dans leur lutte de libération contre les Autrichiens et remportent les victoires de Magenta et de Solférino. En 1860, le Piémont cède la Savoie et Nice à la France.

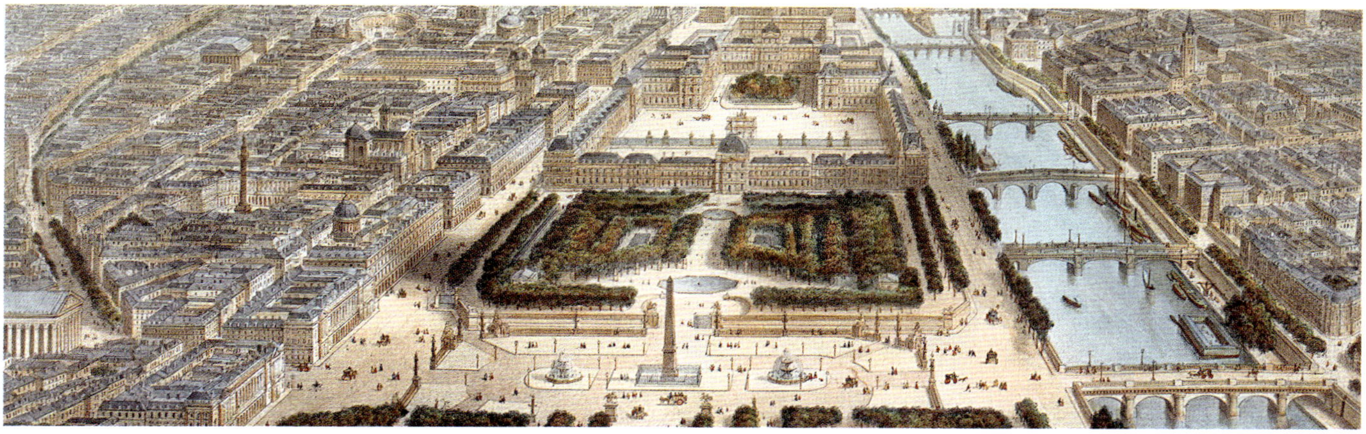

Sous Napoléon III, Paris devient la Ville lumière, capitale de l'Europe, et accueille de grandes manifestations internationales, comme les expositions universelles de 1855 et 1867.

Un rêve : transformer la France

Si, dans les premières années, le régime tend à être dictatorial et la liberté d'expression limitée, il se "libéralise" au fil du temps pour devenir un régime parlementaire. L'empereur favorise le développement industriel tout en restant attaché au progrès social. Il autorise le droit de grève (1864) et les premiers syndicats. Clairvoyant et intègre, il aime affirmer : « *Malheur aux souverains dont les intérêts ne sont pas liés à ceux de la Nation.* » Les écoles primaires laïques (non religieuses) se développent.

La révolution industrielle se poursuit et la France entre dans une grande période de prospérité : extension des voies ferrées, des routes, des canaux, développement des banques... Napoléon charge aussi le préfet du département de la Seine, Haussmann, de moderniser Paris. De "Grands Boulevards", larges et aérés, sont percés dans la capitale et l'immeuble "haussmannien" devient la règle. Le jardin du Luxembourg et le parc Montsouris sont aménagés et les gares de l'Est et du Nord sont agrandies.

Eugénie, une impératrice au "sang chaud" !

L'impératrice joue un rôle politique important en soutenant le projet français d'ouverture du canal de Suez contre les Anglais (*voir frise ci-dessous*). Elle incite également son mari à se lancer dans la désastreuse expédition du Mexique en 1861, et à entrer en guerre contre la Prusse en 1870. Si la première guerre a peu de conséquences sur la politique de la France, la seconde, en revanche, est capitale. Les armées françaises, vaincues à Sedan, sont contraintes de capituler. L'empereur, malade, est fait prisonnier. À Paris, il est aussitôt détrôné et la IIIe République est proclamée par Léon Gambetta. Le dernier monarque français abdique le 4 septembre 1870. Napoléon s'exile alors en Grande-Bretagne, où il meurt le 9 janvier 1873 dans la solitude.

Le 4 septembre 1870, les Parisiens envahissent l'Assemblée qui proclame la IIIe République.

16 novembre 1869
Le canal de Suez, œuvre de Ferdinand de Lesseps, est inauguré par l'impératrice Eugénie. Long de 196 km, il relie la Méditerranée à la mer Rouge et permet aux navires d'aller d'Europe en Asie sans contourner l'Afrique.

1er juin 1879
Seul fils de l'empereur et d'Eugénie, Napoléon Eugène Bonaparte semble appelé à un grand destin. Engagé dans l'armée britannique, il est envoyé en Afrique du Sud, où il est tué par les Zoulous.

Lexique

Albigeois *voir aussi hérétique*
Au XIIe siècle, dans le sud de la France, certains chrétiens croient en un dieu du Bien et un dieu du Mal. Le pape et le roi de France, furieux, lancent la croisade contre les Albigeois et massacrent, en 1209, les 15 000 habitants de Béziers.

Ancien Régime
Époque où le pouvoir en France appartient à un monarque de droit divin et où la société est divisée entre trois ordres : noblesse, clergé et tiers état.

art baroque
Mouvement artistique, né en Italie du Nord à la fin du XVIe, qui touche la peinture, la sculpture, l'architecture et la musique. Il se caractérise par une surcharge décorative et une abondance de détails.

art gothique
Apparu au milieu du XIIe siècle dans les villes d'Île-de-France, l'art gothique donne aux églises une nouvelle dimension. La voûte sur croisée d'ogives permet, par exemple, de répartir le poids de la voûte sur des piliers et non plus sur des murs. Les églises sont désormais hautes et élancées.

Cathares *voir Albigeois*

Dominicains *voir ordre dominicain*

hérétique *voir aussi Albigeois*
Chrétien dont les croyances ne correspondent pas à celles de l'Église.

loi salique
Cette loi remonte au IVe siècle et provient des Francs de la tribu des Saliens dont fait partie Clovis. Elle fixe les règles de succession au trône.

monarchie
Régime dans lequel l'autorité politique est exercée par un seul individu et qui l'exerce en vertu d'un droit propre soit par hérédité (de père en fils), soit au nom de Dieu (monarchie de droit divin).

monarchie absolue *voir pouvoir absolu*

ordre dominicain
Ordre religieux catholique initié par Dominique de Guzmán en 1215 dont la mission est de prêcher la bonne parole chrétienne au plus grand nombre sans être coupé du monde. Chaque membre fait vœu de pauvreté et de chasteté.

plébiscite
Vote du peuple, appelé à faire confiance à un homme politique en répondant par oui ou par non.

pouvoir absolu
Avec le début des Temps modernes (1492), les rois sont désormais les vrais maîtres du pays et ne sont pas contrôlés par un parlement ou une assemblée. Lieutenants de Dieu sur Terre, ils disposent librement des biens et même de la vie de leurs sujets. Personne ne peut leur désobéir.

régicide
Personne qui assassine un souverain.

roturier
Qui n'est pas noble. Sous l'Ancien Régime, les roturiers payent l'impôt de la taille et doivent au seigneur la corvée.

saint Benoît
Ce moine italien du VIe siècle rédige la célèbre règle monastique bénédictine que doivent suivre les moines. Il évoque aussi l'organisation du monastère avec un grand sens du détail et d'humanité.

suffrage universel
Tous les citoyens possèdent le droit de vote sans distinction de classe ni de fortune.

théologie
Étude concernant généralement la religion ; dans un sens chrétien, étude portant sur Dieu et les choses divines.

Index

Le numéro de page en italique signifie que le mot se trouve dans la frise.

Adalbéron (archevêque de Reims) 18, 19
Adélaïde d'Aquitaine 19
Adélaïde de Champagne 23
Adélaïde de Savoie 20
administration de l'État 11, 12, 15, 25, 29, 48, 71
Aix-la-Chapelle *14*, 16-17
traité d' 65
Alamans 8, 9
Alaric (roi wisigoth) 9
Albigeois 25, 28
Alcuin (moine) 15
Alès, édit d' 59
Alexandre VI (pape) 46
Algérie 72
Aliénor d'Aquitaine 21, 22-23
Amboise, château d' 46, 48
amour courtois 22
Ancien Régime *68*, 72
Anet, château d' 51
Anjou 23, 24, 28, 45
Anne d'Autriche 7, 59, 60
Anne de Beaujeu 46
Anne de Bretagne 46, 47, 49
Aquitaine 9, 22, 23, 28, 43
Arabes, Arabie *10*, *11*, 12, *14*, 23, 28
voir aussi Islam, Sarrasins
architecture 21, 30, 48, 49, *57*, *60*
Armagnacs et Bourguignons 40, 41, 42, 43
armée 20, *42*, 43, 61
armes 8, 27, *28*, 36, 42
Arras, traité d' 43
Artois 24, 45, 61
Assemblée constituante (1789) *68*
Assemblée nationale (1789) 69
Austerlitz, bataille d' 71
Avars 14
Azay-le-Rideau, château d' 49
Azincourt, bataille d' 41
baillis 25, 29
bains 17, 63
Bal des ardents 40
baroque, art 57, 65
basiliques 17, *43*
Bastille 39, 69
Baudouin Ier (roi de Jérusalem) 20
Bayard (chevalier) 47, 49
Beaulieu-lès-Loches, édit de *53*

Benoît, saint *16*
Bernard de Ventadour (troubadour) 23
Bernard, saint *20*
Berthe au grand pied 13
Blanche de Bourgogne 34
Blanche de Castille 26
Bonaparte, famille 71, *75*
voir aussi Napoléon
Boniface (archevêque) 13
Boniface VIII (pape) *32*, 33
Boucicaut, Jean Ier (général) 39
bouffon du roi 48
Bourbons 56-68, 72
Bourgogne *18*, 45, 49
Bouvines, bataille de 24, 25
Brémule, bataille de 20
Bretagne 39, 46, *49*
Brétigny, traité de 37, 38
Brunehaut 11
Burgondes *6*, 8, 9
Calais 37, 50
Calvin, Jean (réformateur religieux) 51
Cambacérès (juriste) 71
Cambrai, paix de 49
Camisards, révolte des 61
Canuts, révolte des *73*
Capétiens 18-36
Carloman (fils de Charles Martel) 12
Carloman (fils de Pépin le Bref) 13
caroline (lettre) 15
Carolingiens 11, 12, 13, 14-19
Cateau-Cambrésis, traité de 50, 51
Cathares *25*, *27*, 28
cathédrales *22*, 30
Catherine de Médicis *50*, 51, *52*, 53
Cent jours 71
Châlus, siège de 24
Chambord, château de 48, 49
Charlemagne 13, 14-17
Charles II le Chauve *15*
Charles III le Simple *17*
Charles IV le Bel 34, 35, 36
Charles V *36*, 38-39, 54
Charles VI 40-41, 54
Charles VII 41, 42-43, 44, 55
Charles VIII 46, 54
Charles IX 52-53, 55, 57
Charles X 72
Charles le Mauvais (roi de Navarre) *37*, 38
Charles le Téméraire (duc de Bourgogne) 44, 45
Charles Martel *11*, 12
Charles Quint (empereur d'Allemagne) *48*, 49, 50
Charte constitutionnelle 72
chasse royale 66
Chenonceaux, château de 49, 51
Childebert Ier *7*, 10
Childéric 8
Childéric III 13
Chilpéric Ier 10, 11
Chine, Chinois *12*, *25*, *28*, *29*, *38*
Chrétien de Troyes (poète) 23
Cîteaux, ordre de 20
Claude de France 49
Clémence de Hongrie 35
Clément V (pape) *33*
Clément VII (pape) *39*
Clément, Jacques (régicide) *55*
Clisson, Olivier de (général) 39
Clodomir 10
Clotaire Ier 10
Clotaire II 10, 11
Clotilde 9
Clovis 8-9
Cluny, abbaye de *16*
Cœur, Jacques (argentier du roi) *42*
Colbert, Jean-Baptiste (contrôleur des Finances) 60, 61
Coligny, Gaspard de (chef protestant) 53
Comité de salut public 69
comtes, comtés 15, 18, 19
Condé, princes de 53, 61
Constance de Castille 23
Constantin XI (empereur byzantin) *43*
Constantinople *14*, 23, *43*
couronne royale 6, 7
courtisans 63, 66
Courtrai, bataille de 32
coutume germanique 7, 9, 13
Crécy, bataille de 36, 37
croisades *19*, *20*, *22*, 23, 24, 29
voir aussi Albigeois
Dagobert 10, 11
Damiens (régicide) 64
danse 67
dauphin, Dauphiné *36*
Diderot (philosophe) 65
Du Guesclin, Bertrand (chef des armées) *38*, 39
ducs, duchés 15, 18, 19
Dupes, journée des 59
Écluse, bataille de l' 36
école 15, 16, 17, 75
Édouard Ier (roi d'Angleterre) *29*, *32*
Édouard II (roi d'Angleterre) *31*
Édouard III (roi d'Angleterre) 36, 37, 38
Édouard IV (roi d'Angleterre) 45
Édouard Plantagenêt (prince de Galles) *37*
éducation 16, 26-27
Église chrétienne 6, 8, 9, 13, 14, *39*, 51
voir aussi papauté
Éléonore de Habsbourg 49
Élisabeth de France 50
Éloi (ministre) 11
Empire byzantin *13*, *14*, *43*
Empire latin *30*
Empire musulman *12*, *14*
Empire ottoman *49*
Empire romain d'Occident *6*, *7*, 8
esclavage *65*, *73*
Estrées, Gabrielle d' (favorite) 57
États généraux 33, *47*, *67*, 69
États latins 20, 24, *30*
Étienne II (pape) 13
Eudes *16*
Eugénie de Montijo 74, 75
famine *34*
féodalité 15, 19
Ferdinand d'Aragon (roi d'Espagne) *44*, 47
Ferrand (comte de Flandre) 24
fêtes royales 67
fief 19
Fillettes (prison) 44
finances de l'État 11, 29, 32, *42*, 71
voir aussi impôts, monnaie
Fleury, cardinal de (ministre) 64
fonctionnaires de l'État 15, 17, 25
Fontainebleau, château de 49
Fontaine-Française, bataille de 56
Fontenoy, bataille de 65
Fontevraud, abbaye de 23
Formigny, bataille de 43
fou du roi 48
François Ier 7, 48-49, 50, 55
François II 51, 55
Francs 6, *7*, 8, 9, 11, 14, *16*, 17
Frédégonde (favorite) 10, 11
Frédéric Ier Barberousse (empereur d'Allemagne) *22*, 24
Fronde 60
Fulrad (abbé) 13
Galilée (savant) *56*
Galswinthe 11
Gambetta, Léon (homme politique) 75
Gaule 6, 8, 9, 11, 12
Gauthier et Philippe d'Aunay (chevaliers) 34
Germains 6, 8, 15
gisants 55
Godefroy de Bouillon (croisé) *20*
Gondebaud 9

gothique, architecture 21, 30
Grégoire IX (pape) *27*
Grégoire XI (pape) *39*
Grimaldi (dynastie de Monaco) *31*
guerre de Cent Ans 36-37, 43
guerre de la ligue d'Augsbourg *62*
guerre de Sept Ans *66*
guerre de Succession d'Autriche 65
guerre de Succession d'Espagne *63*
guerre de Trente Ans 58
guerres de Religion 51, 52-53, 56
Guillaume IX (duc d'Aquitaine) 22
Guillaume le Conquérant (duc de Normandie) 19
Guise, François, duc de (prince) 53
Guise, Henri Ier, duc de (prince) *53*, *55*, 57
Guyenne 36, 38
Harold (roi d'Angleterre) 19
Hastings, bataille d' *19*
Hattin, bataille d' *23*
Haussmann, Georges (préfet) 75
Henri Ier de France *18*
Henri II 50-51, 61
Henri III 51, *52*, *53*, *55*, 56
Henri IV 53, 54, 55, 56-57, 61
Henri V (empereur d'Allemagne) 20
Henri Ier (roi d'Angleterre) 20
Henri II Plantagenêt (roi d'Angleterre) 23
Henri III (roi d'Angleterre) 28
Henri IV (roi d'Angleterre) *40*
Henri V (roi d'Angleterre) *40*, 41
Henri VIII (roi d'Angleterre) 47
Hongrois 17, 18
Huguenots 51
Hugues Capet 18-19,55
Hugues de Payns (chevalier) *21*
Huns *6*, *7*
Iéna, bataille d' 71
Île-de-France 19, 20
impôts 11, 25, 33, 38, *40*, 47
Innocent III (pape) *25*
Inquisition *27*
insignes royaux 7, 30
Invasions, grandes *6*, *7*, 8
Isabeau de Bavière 41
Isabelle de Castille (reine d'Espagne) 44
Isabelle de France *31*, 36
Italie, conquêtes d' 46-47, 74
Ivry, bataille d' *56*
Jacqueries 36, *37*
Jean Ier le Posthume 35
Jean II le Bon 37, 38
Jean sans Peur (duc de Bourgogne) *41*
Jean sans Terre (roi d'Angleterre) 23, 24
Jeanne d'Albret (reine de Navarre) 56
Jeanne d'Arc (héroïne) 42, 43
Jeanne de Bourbon 38
Jeanne de Bourgogne 34
Jeanne de France 47
Jeanne de la Marche 35
Jeanne de Navarre 33
Jemmapes, bataille de 73
Jérusalem *19*, *23*, 24
jeu de paume 46
Joinville, Jean de (écrivain) 28
Joséphine de Beauharnais 70
juifs 33
justice 7, 13, 17, 29, 32
La Balue, Jean de (cardinal) 44
La Fontaine, Jean de (poète) *61*
La Vallière, Louise de (favorite) 61
Le Nôtre, André (jardinier) 62
Le Vau, Louis (architecte) *60*, 62
Léon III (pape) 14
Léonard de Vinci 48
Ligue catholique 53, 55
littérature *14*, *17*, 21, *23*, *24*, 28, *30*, *35*, *50*, 58, *59*, *60*, *61*, *64*, 65, 67, *74*
lois 13, 25, 70, 71
loi salique 13, 35, 47, 54
Lombards *13*, 14
Lothaire Ier *15*
Louis Ier le Pieux 15
Louis V le Fainéant 19
Louis VI le Gros 20-21, 55
Louis VII le Jeune 20, 21, 22-23
Louis VIII 25
Louis IX (Saint Louis) 26-29
Louis X le Hutin 34, 35, 55
Louis XI 42, 44-45
Louis XII 46, *49*
Louis XIII le Juste 55, 58-59
Louis XIV (Roi-Soleil) 59, 60-63, 66, 67
Louis XV le Bien-Aimé 55, 61, 64-65, 66
Louis XVI *67*, 68-69
Louis XVII 69
Louis XVIII 55, 71, 72
Louis (duc d'Orléans) 40, 41
Louis-Philippe 73
Louvois (ministre de la Guerre) 61
Louvre *24*, 39, 49
Lully, Jean-Baptiste (musicien) *61*, 67
Lumières (mouvement philosophique) *64*
Luther, Martin (réformateur religieux) 51
lys, fleur de 7, 23
Maillotins, révolte des *40*
Maintenon, Françoise de (favorite) 61
maires du palais 11, 12
Mancini, Marie de (favorite) 61
Mansart, François (architecte) 62
manteau à fleurs de lys 7, 23
manufactures royales 61
Marco Polo (voyageur) 29
Marguerite de Bourgogne 34
Marguerite de France 53, 57
Marguerite de Provence 28
Marie d'Angleterre 47
Marie d'Anjou 42
Marie de Luxembourg 35
Marie de Médicis 57, 58, 59
Marie Leszczynska 65
Marie-Amélie de Bourbon 73
Marie-Antoinette 68, 69
Marie-Thérèse d'Autriche 60
Marignan, bataille de 49
Marigny, Enguerrand de (ministre) 32
Mazarin, cardinal de (ministre) 60
Mérovée 9
Mérovingiens 9-13
Missi dominici 15
moines, monastères *10*, 15, *16*, 20
Molay, Jacques de (templier) 33
Molière (écrivain) 60, 67
monarchie absolue 7, 58, 60, 68
monarchie constitutionnelle *68*, 72
monarchie de droit divin 6
monarchie de Juillet 73
monnaie 11, 29, *64*
Mons-en-Pélève, bataille de 32
Montaigne (écrivain) 51
Montespan, Françoise de (favorite) 61
Montfaucon, gibet de 34
Montlhéry, bataille de 45
Montségur, massacre de *27*
mort du roi 7, 54-55
mousquetaires 58
Nantes, édit de 56, 61
Napoléon Ier 70-71, 73
Napoléon II (roi de Rome) 74
Napoléon III 74-75
Necker, Jacques (contrôleur des Finances) 68, 69
Nogaret, Guillaume de (légiste) 32
Normandie *17*, 23, 24, 28, 38, 43
Nostradamus (astrologue) *50*
Notre-Dame de Paris 22, 33, 70
oriflamme 18, 23, 24
Orléans, bataille d' 43
ost royal 20
Othon Ier (roi de Germanie) *17*, *18*
Othon IV (empereur germanique) 24
Palestine 20, 23

papauté, pape 13, *32*, *33*, *39*, *53*
en Avignon *33*, *39*
Paré, Amboise (chirurgien) 50, *51*
Paris *9*, *10*, 11, *16*, 24, *26*, 43, 75
fortifications de 24
traité de 28
Pavie, bataille de 49, 50
Pépin de Herstal (maire du palais) *11*
Pépin de Landen (maire du palais) *11*, 12
Pépin le Bref 12-13, 14
Peste noire 36
Philippe d'Orléans (frère de Louis XIII) 59
Philippe d'Orléans (Régent) 64
Philippe Ier 20
Philippe II Auguste 23, 24-25
Philippe III le Hardi *28*
Philippe IV le Bel 32-33
Philippe V le Long 34, 35
Philippe VI 36
Philippe le Bon (duc de Bourgogne) 44
Philippe II le Hardi (duc de Bourgogne) 37
Philippe II (roi d'Espagne) 50, *51*
Philippe IV (roi d'Espagne) 59
Philippe V (roi d'Espagne) *63*
Pie VII (pape) 70
Pippinides 11, 12
Plantagenêts (rois) 23, *37*
poésie 22, 23, *50*, 51, 61
Poitiers, batailles de 12, 37
Poitiers, Diane de (favorite) 51
Pompadour, marquise de (favorite) 65
prévôts 25
privilèges, abolition des *68*
Protestants 51, 53, 56, 59, 61
Ravaillac (régicide) 57
Réforme (mouvement religieux) 51
Reims 9, 30
Remi (évêque de Reims) 8, 9
Renaissance 46, 48, 49, 50
carolingienne 15
Ire République 69
IIe République 73, 74
IIIe République 75
Restauration 71, 72
Révolution de 1848 74
Révolution française 55, 68, 69
Richard Cœur de Lion (roi d'Angleterre) 23, 24
Richelieu, cardinal de (ministre) 58-59
Robert le Pieux 19
Robespierre, Maximilien de 69
Rochelle, La 56, 59
Rocroi, bataille de *58*
rois fainéants 11
Roland (chevalier) *14*
Rollon (chef viking) *17*
Rome *7*, *8*, *13*, 14
Roncevaux *14*
Russie, campagne de 71
sacre 6, 13, 30-31, 70
saint chrême 13, 30
Saint Empire romain germanique *18*, *22*, *30*, *58*
Saint Louis *voir Louis IX*
Saint-Barthélemy, massacre de la 51, 52-53
Saint-Clair-sur-Ept, traité de *17*
Saint-Denis, basilique de *10*, 11, 13, 21, 55, 56
sainte ampoule 30
Saintes, bataille de 28
Saladin (vizir d'Égypte) *23*, 24
Sarrasins 12, 18
sceptre 7
Sedan, bataille de 75
sénéchaux 25
serfs 21
Serres, Olivier de (agronome) 57
Sigebert Ier 11
Simon de Montfort (croisé) *25*
Soissons, bataille et vase de 8
Soliman le Magnifique (sultan) *49*
Sorel, Agnès (favorite) 42
succession *voir trône*
Suez, canal de 75
Suger (abbé) 20, 21, 23
Sully (ministre) 57, 58
Taillebourg, bataille de 28
Templiers *20*, *21*, 29, 33
Terreur (Révolution française) *69*
Terreur blanche *71*
Thierry Ier 10
Tolbiac, bataille de 9
Triboulet (fou du roi) 48
Trois Glorieuses 72, 73
trône, transmission du 7, 9, 13, 19, 54
troubadours 22, 23
Troyes, traité de 41, 43
Tuileries, palais des 69
Turenne (chef des armées) 60, 61
Turgot (contrôleur des Finances) 68
Urbain II (pape) *19*
Urbain VI (pape) *39*
Valmy, bataille de 73
Valois 36, 48, 52, 53
Vandales 6, *7*
Varenne, fuite de 69
vassal (système vassalique) 15, 19
Vauban (ingénieur) 61
Vaux-le-Vicomte, château de *60*
Vendée, guerre de 72
Verdun, traité de *15*
Versailles, château de *60*, 62-63
Vikings *16*, *17*, 18
Villers-Cotterêts, ordonnance de 48
Vouillé, bataille de *9*
Wagram, bataille de 71
Wassy, massacre de 53
Waterloo, bataille de 71
Wisigoths *6*, *7*, *8*, *9*, 11, 12

Références iconographiques

1re de couverture : Christian Jégou ; hg : GFDL ; hd : peinture de Clouet (XVIe siècle)/LEEMAGE – **4e de couverture** hd : main de Justice exécutée pour le sacre de Napoléon Ier/P. Willi/RMN – **p. 3** hd : couronne de Louis XV/M. Beck-Coppola/RMN ; b : couronnement de Louis VIII et Blanche de Castille ; miniature tirée des *Grandes Chroniques de Saint-Denis* de Fouquet (XVe siècle)/B.N., Paris/ LEEMAGE – **p. 4** hg : *sacre de Pépin le Bref*, peinture de Dubois (1837)/G. Blot/RMN ; md : miniature tirée du *Livre de Kalila et Dimna* (1313)/ B.N., Paris ; b : Hélène Convert – **p. 5** hg et md : École française (XVIe siècle)/LEEMAGE ; bg : gravure de Fious (XVIIIe siècle)/LEEMAGE – **p. 6** bg : M. Beck-Coppola/RMN ; hd : peinture de Licherie de Beury (XVIIe siècle)/LEEMAGE – **p. 7** hg : miniature tirée des *Grandes Chroniques de Saint-Denis* de Fouquet (XVe siècle)/B.N., Paris/ LEEMAGE ; hd : P. Willi/RMN ; bg : miniature tirée des *Grandes Chroniques de Saint-Denis* de Fouquet (XVe siècle)/B.N., Paris/ LEEMAGE – **p. 8** hg : peinture de Dejuine (1835)/G. Blot/RMN ; bd : anonyme (XIXe siècle)/Selva/LEEMAGE – **p. 9** bg : peinture de Dejuine (1837)/ LEEMAGE ; hd : peinture de Scheffer (XIXe siècle)/Josse/LEEMAGE – **p. 10** : anonyme (XIXe siècle)/Selva/LEEMAGE – **p. 11** hg : *Grandes Chroniques de France de Charles V* (XIVe siècle)/B.N., Paris ; bg : peinture de Signol (1842)/RMN ; hd : anonyme (XIXe siècle)/Selva/LEEMAGE – **p. 12** hg : peinture d'Amiel (1837)/RMN ; b : peinture de Steuben (1837)/RMN – **p. 13** : peinture de Dubois (1837)/G. Blot/RMN – **p. 14** hd : peinture d'Amiel (1839)/G. Blot/RMN ; bg : miniature d'un codex de 1590, B.N., Vienne/Fototeca/LEEMAGE – **p. 15** h : peinture de Laure (1837)/ LEEMAGE ; bg : illustration tirée de *Nos Gloires nationales* (1920)/Selva/LEEMAGE ; md : S. Robin – **p. 16** h : miniature tirée des *Chroniques de Saint-Denis* de Verard (1493)/B.N., Paris/LEEMAGE ; b : miniature tirée du *Miroir historial de Beauvais* enluminé par Maître François (XVe siècle)/ Josse/LEEMAGE – **p. 16-17** : Y. Beaujard – **p. 18** hg : peinture de Steuben (XIXe siècle)/LEEMAGE ; d : anonyme (XIXe siècle)/Selva/LEEMAGE – **p. 19** bg : anonyme (XIXe siècle)/Selva/LEEMAGE ; d : gravure sur bois (XIXe siècle)/AKG-Images – **p. 20** hg : Bianchetti/LEEMAGE ; bg : gravure de Philippoteaux (1866)/AKG-Images – **p. 21** hd : enluminure (1335), *Chroniques de Saint-Denis*/British Library/AKG-Images ; b : peinture de Jollivet/G. Blot/RMN – **p. 22** hg : peinture de Signol (1842)/G. Blot/RMN ; bg : gravure (XIXe siècle)/The Granger collection NYC/Rue des Archives ; md : Selva/LEEMAGE – **p. 23** hd : peinture de Mauzaisse (1840)/RMN – **p. 24** hg : peinture d'Amiel (1837)/RMN : bd : illustration de Hoffbauer (XIXe siècle)/B.N., Paris – **p. 25** : anonyme, image extraite du *Petit Journal* (1914)/Selva/LEEMAGE – **p. 26-27** : Hélène Convert – **p. 28** hg : peinture de Rouget (1820)/G. Blot/RMN ; bg : peinture de Signol (1844)/G. Blot/RMN – **p. 29** bg : peinture de Rouget (1824)/RMN ; hd : École française/G. Blot & H. Lewandowski/RMN – **p. 30** : peinture de Martin (1724)/Josse/LEEMAGE – **p. 30-31** : Christian Jegou – **p. 32** hd : peinture de Bezard (XIXe siècle)/LEEMAGE ; b : peinture de Larivière (XIXe siècle)/RMN – **p. 33** hd : miniature tirée des *Grandes chroniques de France* (1410)/Heritage Images/LEEMAGE ; bg : miniature tirée du *Livre de Kalila et Dimna* (1313)/ B.N., Paris – **p. 34-35** : Hélène Convert – **p. 36** hg : peinture de Robert-Fleury (1837)/J. Popovitch/RMN ; hd : École française (XIVe siècle)/RMN ; b : miniature tirée des *Grandes chroniques de France* de Fouquet (XVe siècle)/LEEMAGE – **p. 37** hd : chromolitographie (XIXe siècle)/coll. privée/LEEMAGE ; b : peinture de Delacroix (1830)/ LEEMAGE – **p. 38** hd : peinture de Saint-Evre Gillot (XIXe siècle)/G. Blot/LEEMAGE ; bg : enluminure tirée des *Chroniques de Saint-Denis* (XVe siècle), B.N., Paris/AKG-Images – **p. 39** md : GFDL ; hd : lithographie de Semant (1900)/AKG-Images – **p. 40** hg : peinture de Decreuse (XIXe siècle)/G. Blot/RMN ; b : peinture de Magaud (XIXe siècle)/J. Bernard/LEEMAGE – **p. 41** mg : anonyme, miniature des *Chroniques de Froissart*/ Selva/LEEMAGE ; bd : miniature tirée du manuscrit des *Vigiles de Charles VII* de Martial d'Auvergne (1484)/B.N., Paris. – **p. 42** hd : peinture de Fouquet (XVe siècle)/Heritage Images/LEEMAGE ; b : peinture de Lenepveu (XIXe siècle)/LEEMAGE – **p. 43** : peintures de Lenepveu (XIXe siècle)LEEMAGE – **p. 44** hg : École française (XVIIe siècle)/LEEMAGE ; bg : lithographie de Job (1905)/AKG-Images ; miniature tirée de *Statuts de l'ordre de Saint-Michel* de Fouquet (1470)/B.N., Paris/LEEMAGE – **p. 45** bg : chromolithographie Liebig (XIXe siècle)/Bianchetti/LEEMAGE – **p. 46** hg : miniature tirée des *Grandes heures d'Anne de Bretagne* de Bourdichon (début XVIe siècle)/B.N., Paris/LEEMAGE ; md : École française (XVIe siècle)/LEEMAGE ; bg : miniature tirée de *Nine Books of memorable Deeds and Saying* de Maximus (XVe siècle)/Heritage Images/LEEMAGE – **p. 47** h : peinture de Feron (1837)/LEEMAGE ; bg : École française (XVIe siècle)/R.-G. Ojéda/RMN – **p. 48** hd : peinture de Clouet (XVIe siècle)/ LEEMAGE : g : École française (XVIe siècle)/LEEMAGE – **p. 49** hd : GFDL ; md : S. Robin ; bg : miniature extraite du *Livre d'heures de Catherine de Medicis* (XVIe siècle)/B.N., Paris/LEEMAGE –**p. 50** hg : École italienne (XVIe siècle)/LEEMAGE ; b : imagerie enfantine (XIXe siècle) – **p. 51** g : École de Fontainebleau (XVIe siècle)/LEEMAGE ; bd : École française (XVIe siècle)/LEEMAGE – **p. 52** hg : tableau de Clouet (XVIe siècle)/ LEEMAGE – **p. 52-53** : peinture de Dubois (1572)/LEEMAGE – **p. 54** hg : miniature tirée de *L'Héroïde* d'Ovide (XVe siècle)/B.N., Paris/LEEMAGE – **p. 54-55** : Hélène Convert – **p. 56** hg : anonyme (XVIIe siècle)/Nimatallah/AKG-Images ; b : peinture de Gérard (XIXe siècle)/MI/LEEMAGE – **p. 57** bg : peinture de Clouet (XVIe siècle)/LEEMAGE ; bd : peinture de Housez (1860)/LEEMAGE – **p. 58** hg : peinture d'Egmont (XVIIe siècle)/ LEEMAGE ; md : illustration anonyme tirée de *Richelieu* de Leloir (XXe siècle)/Selva/LEEMAGE ; bg : illustration tirée du *Journal des romans populaires illustrés* (XXe siècle)/Bianchetti/LEEMAGE – **p. 59** bg : peinture de Motte (1881)/MP/LEEMAGE ; hd : École française/G. Blot/RMN – **p. 60** : peinture de Testelin (XVIIe siècle)/LEEMAGE – **p. 61** b : peinture de Mignard le Romain (1694)/MP/LEEMAGE – **p. 62** mg : galerie des glaces après restauration (2007)/ T. Ollivier/RMN ; mg : GFDL- **p. 62-63** : peinture de Patel le Père (1668)/LEEMAGE –**p. 63** hg : peinture de Vetter (XIXe siècle)/RMN – **p. 64** hg : peinture de Quentin de la Tour (XVIIIe siècle)/LEEMAGE ; d : peinture de Boullongne le Jeune (1716)/ LEEMAGE – **p. 65** hd : peinture de Drouais (XVIIIe siècle)/LEEMAGE ; b : peinture de Vernet (1828)/LEEMAGE – **p. 66-67** : Hélène Convert – **p. 68** hg : peinture de Duplessis (XVIIIe siècle)/LEEMAGE ; d : peinture par Le Brun(XVIIIe siècle)/MI/LEEMAGE – **p. 69** bg : dessin au fusain de François (1851)/LEEMAGE ; hd : gravure de Fious (XVIIIe siècle)/LEEMAGE – **p. 70** hg : peinture d'Ingres (1806)/LEEMAGE ; b : peinture de David (XIXe siècle)/LEEMAGE – **p. 71** hd : peinture de Debret (1812)/LEEMAGE ; b : peinture de Gérard (1805)/LEEMAGE – **p. 72** hg : peinture de Gérard (1814)/Archives CDA/St-Genes/AKG-Images ; hd : peinture de Gérard (XIXe siècle)/LEEMAGE ; bd : Heritage Images/LEEMAGE – **p. 73** h : peinture de Vernet (1832)/LEEMAGE ; b : dessin de Philippon (1835)/LEEMAGE – **p. 74** hg : peinture de Guillemet (XIXe siècle)/Electa/ LEEMAGE ; b : peinture de Winterhalter (1855)/AISA/LEEMAGE – **p. 75** h : Selva/LEEMAGE ; bd : gravure (XIXe siècle)/LEEMAGE

Toutes les cartes sont de Michel Sinier.
Les images DVD sont extraites du film *À la cour de Louis XIV*.
Les pictogrammes illustrant la frise ont été dessinés par Nicolas Julo.

Les Valois (1328-1589)

- **Charles de Valois**
  - **Philippe VI de Valois** (1328-1350)
    - **Jean II le Bon** (1350-1364)
      - **Charles V le Sage** (1364-1380)
        - **Charles VI le Fou** (1380-1422)
          - **Isabelle**
          - **Louis**
          - **Jean**
          - **Catherine**
          - **Charles VII le Victorieux** (1422-1461)
            - **Louis XI** (1461-1483)
              - **Anne** de Beaujeu
              - **Charles VIII** (1483-1498) marié à Anne de Bretagne
              - **Jeanne** épouse de Louis XII
        - **Louis** d'Orléans
          - **Charles**
            - **Louis XII** (1498-1515) marié à Anne de Bretagne
              - **Claude** épouse de François Ier
          - **Jean** d'Orléans
            - **Charles** d'Orléans
              - **François Ier** (1515-1547)
                - **Henri II** (1547-1559) marié à Catherine de Médicis
                  - **François II** (1559-1560)
                  - **Charles IX** (1560-1574)
                  - **Marguerite** épouse de Henri IV
                  - **Henri III** (1574-1589)
      - **Louis** duc d'Anjou
      - **Jean**
      - **Philippe II le Hardi** duc de Bourgogne
        - → **Ducs de Bourgogne**

François Ier

Les noms sont en blanc lorsque les rois ont régné sur le royaume de France.
Les dates indiquées sont celles de leur règne.